LOS SIETE CLICS MORTALES

Margo Strupeck

Los siete clics mortales. Lecciones de seguridad esenciales para el uso de las redes sociales

Primera edición: septiembre de 2015

Título original: *Seven Deadly Clicks. Essential Lessons for Online Safety and Success*

Copyright del texto © 2013 por Margo Strupeck

D.R. © 2015, de la presente edición en castellano para todo el mundo:

Penguin Random House Grupo Editorial, S.A. de C.V.

Blvd. Miguel de Cervantes Saavedra 301, piso 1

col. Granada, del. Miguel Hidalgo

C.P. 11520, México, D.F.

Traducción: Arnoldo Langner Romero

Cuidado de la edición: Jan de la Rosa

Diseño de portada: Marissa Feind

Diseño de interiores: Juan Carlos Liceaga Traslosheros

www.megustaleer.com.mx

Comentarios sobre la edición y el contenido de este libro a:

megustaleer@penguinrandomhouse.com

Adultos jóvenes no ficción / computación/ general

ISBN: 978-607-31-3466-8

CONTENIDO

LOS SIETE CLICS MORTALES

 A medida que las fronteras entre las relaciones en el mundo real y los avatares virtuales se tornan confusas, las amenazas que los adolescentes enfrentan en línea van en aumento. Existe una necesidad creciente por estar conectados, de comentar, de dar like, enviar regalos, tuitear y compartir cada aspecto de nuestras vidas. Incluso en los casos en que padres y maestros hacen hincapié sobre los riesgos en línea, los adolescentes corren peligro de perder esa sensibilidad pues están conectados a este mundo donde les tocó crecer.

El mundo digital se ha convertido en algo que quizá sea tan importante en la vida de los adolescentes como jugar al fútbol o entrar a una buena universidad. Se trata de cómo se comunican los jóvenes hoy en día, cómo construyen sus relaciones y cómo mantienen el contacto. Recuerdo cuando invitar a alguien a la fiesta de graduación por mensaje de texto era tabú (es una historia verídica, a mí me pasó). Ahora existen mil maneras de comunicarse, de invitar a salir a alguien, o incluso (más siniestro) de "sextear" o acosar.

La supervía de la información tiene un lado oscuro y, ahora más que nunca, los adolescentes necesitan saber cómo lidiar con la vida en línea. Si bien estar conectados es una parte necesaria de la vida moderna, tomar decisiones erróneas al hacerlo tiene serias consecuencias.

Inspirado en los siete pecados capitales, este libro presenta los "clics" mortales, los siete errores que pueden acarrearte grandes problemas. Cada capítulo incluye ejemplos reales, historias verdaderas de adolescentes que han ido demasiado lejos. A estos ejemplos les acompañan trucos y consejos que, espero, podrán servirte de referencia si alguna vez tu intuición te indica que algo anda mal.

Considérame tu guía en línea. He navegado por este mundo digital desde aquellos remotos días en que esperábamos recibir el CD de AOL por correspondencia, cuando debías conectarte a través de una línea telefónica, cuando el internet se utilizaba tan sólo para enviar correos electrónicos y navegar en la red (lo que ahora se ha convertido en la base misma de nuestra existencia en línea).

Trabajo en publicidad para la industria de alta tecnología en San Francisco, una carrera de ritmo acelerado en la que es necesario conocer lo más nuevo, lo mejor, en cuanto a medios sociales, para determinar qué red social necesita retirarse e identificar cuando una compañía está violando la privacidad de sus clientes. He comprado, vendido y administrado todo tipo de campañas de medios sociales, lo que me ha dado el conocimiento (y también el carácter) para afrontar grandes proyectos. Gracias a esa experiencia en la industria estoy calificada para ofrecer la información y los consejos que padres y adolescentes necesitan para tener una vida segura, feliz y productiva en línea.

Espero que las historias y consejos que encontrarás a continuación sirvan para que tú, los adolescentes y los padres de esta era en línea, logren estar más conscientes de los peligros que pueden enfrentar y que sea menos probable que sucumban a los "siete clics mortales".

CUANDO COMPARTES DEMASIADO

CLIC #1

El clic mortal: revelar demasiado acerca de ti

Compartir de más puede ocurrir de varias formas: a través de un texto, postear en la red social de tu preferencia, divulgar demasiada información en tu blog, enviar una fotografía reveladora (las oportunidades son muchas). Es fácil compartir más de la cuenta sin pensarlo siquiera dos veces.

 QUÉ NECESITAS SABER

Se trata de uno de los clics mortales más fáciles de cometer, porque al calor de una discusión, bajo un arrebato de pasión o emoción es difícil detenerse y pensar acerca de las repercusiones de lo que posteas.

Cuando sientas el impulso de postear algo, lo más importante es contar hasta diez y asegurarte de que de verdad quieres enviarlo. Ahora, con las redes sociales, el envío de texto y todo lo digital se han convertido en los métodos preferidos de comunicación, esto significa que todo, y me refiero a todo, es grabado.

Compartir demasiado puede ser una reacción involuntaria y lograr que te sientas bien. Publicar comentarios graciosos en tu página de Facebook puede darte treinta y cuatro "likes", pero también puede afectar tu reputación. A nadie le interesa si ya fuiste, o no, al baño. Es verdad, es emocionante que hayas entrado a la universidad de tus sueños, pero mandar al demonio a tus antiguos maestros y escuela no es la mejor apuesta para el futuro. Cuando un amigo(a) te roba a tu novio(a), publicar comentarios groseros acerca de él o ella sólo hará que dañes tu imagen, incluso más que la de ellos.

Antes, cuando querías desahogarte llamabas a un amigo y te quejabas del jefe, maestro, novio, papá o de tu ex, y luego básicamente borrabas la conversación cuando colgabas el auricular. Aun si tu amigo (o tú) recuerda la conversación, una vez que cuelgas no queda evidencia.

Hoy en día incluso los abuelos tienen cuenta de Facebook, y es probable que compartan mucha información sobre su situación financiera y demasiadas fotos de sus nietos, Por ello el número potencial de personas que pueden ver tus conversaciones en línea se incrementa a cada momento, abarca todo tipo de profesiones (desde maestros, doctores y policías), edades y círculos de confianza.

¿Quién es el culpable? Si bien cualquier persona puede postear de más, por desgracia la principal responsable es la generación más joven. Se trata de una combinación entre la falta de sensibilización, la falta de atención en las configuraciones de privacidad y la velocidad a la que podemos compartir cualquier cosa, lo que ha hecho demasiado fácil postear, tuitear y compartir demasiado.

Otro grupo potencial de responsables son las mamás; sí, las mamás. ¿Te acuerdas de esa foto embarazosa donde estás en la tina cuando eras niño? Imagina que tu mamá hubiera tenido Facebook en ese entonces. Por muy tiernas que sean tus fotos de bebé, no hay necesidad de compartir fotos de tus funciones corporales, de lo que comes o, en especial, aquellas donde apareces desnudo.

Aun si sólo te comunicas vía texto, la facilidad con la que alguien puede tomar una fotografía de la pantalla donde aparece la conversación y publicarla en línea, o enviarla a alguien más, puede ser muy tentadora. En resumen, se ha vuelto demasiado sencillo compartir cualquier cosa, hacer que tus comentarios, alguna vez privados, estén disponibles para quien quiera verlos, o los millones que puedan verlos, en el caso de Facebook.

Puede existir una enorme desconexión entre mantener al día tus redes sociales y tomarte el tiempo para elegir con cuidado la información que decides publicar.

ZONAS DE PELIGRO

Para hacerlo un poco más simple, hay algunos culpables a quienes siempre debemos vigilar. Las siguientes redes sociales, y aplicaciones, son muy buenas para compartir. Pueden fomentar tu creatividad y satisfacer tu necesidad de comunicarte, pero también pueden ser la causa de grandes problemas.

Mucha gente batalla con compartir de más, pero todos los sitios web tienen diferentes niveles de privacidad. Nuestra mejor defensa en contra de estas zonas de riesgo es armarnos con el conocimiento para estar fuera de peligro. Si entendemos la orientación de los sitios web; es decir, a quién estaban dirigidos en un principio y cómo se utilizan hoy en día, es más probable que podamos compartir de una forma más apropiada (si no es que siempre, moderada).

Facebook

Seamos honestos: todos (y las mamás de todos) usamos Facebook. Y si es peligroso, al menos podemos consolarnos con saber que casi todos sufren de la misma amenaza, más o menos en la misma medida. El principal problema con Facebook (además del bien documentado tema de la configuración de privacidad) es la manera en que integra material de otras redes sociales (en apariencia más privadas), tales como Instagram, diversos servicios nuevos y otras aplicaciones. La facilidad con la cual podemos acceder a (y publicar en) Facebook desde diversos dispositivos móviles sólo exacerba el problema. Los usuarios postean todos los días,

Configuración de privacidad: cómo empezar

Si quieres agarrar al toro por los cuernos, entonces estamos hablando de Facebook. Necesitas estar al pendiente de esta red social, pues con frecuencia añaden nuevas características y se modifica su configuración. Si das clic en el vínculo de privacidad, Facebook te dará instrucciones paso a paso sobre cómo hacer que tu información sea ciento por ciento privada. Asegúrate de elegir con quién compartir, **aprende a** revisar las publicaciones donde otros te etiquetan y recuerda dónde está la configuración de privacidad.

Twitter es un animal por completo diferente. Ellos hacen que comprender sus características sea un poco más complicado, pero si lees con cuidado la información de la cuenta, podrás descifrarlo. Asegúrate de que **administras** quién puede encontrarte y cómo pueden acceder a ti, **distingue entre los** tuits públicos y los protegidos **y aprende acerca de los** mensajes directos y fotografías.

en ocasiones cada hora, actualizaciones de sus vidas. Suben (subimos) fotografías, nos cuentan dónde están y, en el anonimato, hasta acosan a sus amigos en Facebook.

Desde luego, es divertido estar en contacto con tus amigos y publicar tus actividades diarias, pero dar demasiada información hace que sea más fácil tener problemas en la escuela y en el trabajo, o que incluso atraigas acosadores reales a tu perfil. Cuando utilices Facebook es importante que recuerdes que no es necesario publicar algo sólo porque puedes hacerlo. Si lo haces sin pensar, es momento de retroceder.

Twitter

Se usa de dos maneras: para consumir pequeñas dosis de información (o vínculos) que provienen de fuentes confiables de noticias (o de tu celebridad favorita) y para ofrecer actualizaciones rápidas a tus seguidores. Si bien los usuarios primarios de Twitter se alinean con la demografía de Facebook, el volumen general de usuarios no se acerca ni remotamente al de Facebook (16 por ciento versus 67 por ciento).

Una vez dicho lo anterior, el peligro sigue presente. El límite de 140 caracteres de Twitter y la facilidad para usarlo desde algún dispositivo móvil hace más sencillo publicar, sin pensarlo, tus apasionadas reflexiones. Ya conocemos algunos ejemplos de esto: la celebridad que publica algo para borrarlo apenas segundos después.

Como ejemplo te puedo contar del caso de la pobre Amanda Bynes, quien atrajo la atención por haberle dicho "feo" a Jay–Z, aunque borró su tuit apenas unos momentos después, era ya demasiado tarde. Sólo porque puedes publicar tan rápido como tecleas, no quiere decir que debas hacerlo.

Instagram

Durante un tiempo Instagram fue la "sensación" de las redes sociales. Ahora pertenece a Facebook, y los usuarios continúan utilizando este espacio social de fotografías para hacer lo propio. Instagram, popular entre mamás y hipsters por igual, permite subir fotos en directo desde el teléfono móvil, pero no sin antes pasarlas por los diversos filtros y efectos especiales que permiten retocarlas.

No quiero parecer alarmista pero la tecnología de reconocimiento facial se está desarrollando a gran velocidad. Por ello, además de la advertencia estándar, o de sólo ser cuidadoso con lo que publicas, mencionas y etiquetas, vale la pena estar consciente del tipo de fotos que tomas o en las que participas. Sea que pudieran resultar incriminatorias, sean apenas un tanto embarazosas, cada día es más sencillo encontrar fotografías de cualquier persona (cualquiera que sea el motivo para buscarlas).

Blogs Personales

Aun cuando tener un blog ha se convertido más en la norma que en la excepción, debes asegurarte de que este permanezca fiel a su propósito, en lugar de que lo uses para compartir cada detalle de tu vida. No deseas que algo que publicaste en el pasado, regrese a atormentarte. Cuando escribas es mejor tener en mente que puedes alcanzar a la mayor audiencia posible por tu talento o ideas, y no lo contrario.

Foursquare

Ya sea que uses la aplicación de manera directa o que agregues una ubicación desde Facebook, necesitas tener cuidado de no hacer demasiado fácil que alguien te encuentre. Es divertido agregar una ubicación si estás con amigos o presumir acerca de tus vacaciones o de cómo conseguiste mesa en el restaurante más cotizado de la ciudad, pero si te excedes, puede ser peligroso.

Foursquare puede facilitar el ciberacoso y poner tu hogar en riesgo de robo potencial (más en referencia a esto, adelante). De cualquier modo, asegúrate de tener activada la política de privacidad para que los desconocidos no puedan ver tu localización.

Snapchat

Ah, Snapchat: la aplicación que de hecho se creó para que fuera más fácil compartir demasiado. Puedes mandar una fotografía y seleccionar cuánto tiempo quieres que quien la reciba pueda verla. Yo lo mantendría bajo control. No envíes nada si no estás cómodo con la idea de que la otra persona pueda tomar una foto de la pantalla. Todo es emocionante y peligroso hasta que tu amigo "dedos-ágiles" se apropia la imagen de tu *sext*.

❶ UN EJEMPLO DE LA VIDA REAL: SNOOKI

¡Ah, nuestra amiga Snooki Polizzi! Después de múltiples y acaloradas temporadas de *Jersey Shore*, se enteró de que estaba embarazada de su primer hijo. ¿Recuerdas que mencioné que las mamás tienen una tendencia a compartir de más? Bueno, esto también aplica en el caso de Snooki.

Nos mantuvo al tanto de su embarazo, nos dio noticias de última hora tales como: "voy a ser la persona que por tomar una copa de vino, tiene un bebé con tres piernas". Y quién puede olvidar sus profundas reflexiones acerca de la lactancia materna: "Es más o menos como si fueras una vaca y sólo te están ordeñando".

No estoy segura de qué es más perturbador, las historias que nos contó Snooki en Twitter acerca de su embarazo, o el hecho de que su caso no sea poco común. Hay un sinnúmero de mamás en Facebook que comparten cuando su bebé escupe, lo que hizo del baño ese día, o (¡paren las prensas!) qué hay para cenar.

La lección que de esto se deriva es que aunque pudiera ser gracioso –o en el caso de Snooki, un poco por hacer *show*– si no tienes nada inteligente que decir, reservártelo.

QUÉ NECESITAS HACER

Mantén tu privacidad

La manera más obvia de impedir que tu ropa sucia alcance a familiares, compañeros de trabajo y demás conocidos, es asegurarte de que tu configuración de privacidad sea la correcta. Las redes sociales más importantes tienen preferencias de privacidad que tú puedes activar. Puedes escoger si quieres que todo lo que posteas sea público (mala idea), si sólo tus amigos pueden ver tus publicaciones, o puedes crear una lista predeterminada y seleccionar quién puede ver qué.

Recuerda que junto con las redes sociales, la configuración de privacidad evoluciona también (a veces para bien, a veces para mal). Por ejemplo, Google implementó una nueva política de privacidad unificada que usa datos de búsquedas, videos, Google+, y todos los otros productos Google. De acuerdo a esta compañía: "El cambio más importante es para usuarios con cuentas Google. Nuestra nueva política de privacidad deja muy claro que si estás registrado, podemos combinar la información que nos proporcionaste en un servicio, con la información de otros servicios. En breve, a través de todos nuestros productos, te trataremos como usuario único, lo que significa una experiencia Google más simple e intuitiva". Esto quiere decir que ahora Google va a monitorear tu actividad en las secciones del internet que ellos poseen.

Lo que aprendemos en este caso es que debes tomarte el tiempo para leer la letra pequeña. Algo que solía ser privado en Facebook, puede convertirse con facilidad en información pública gracias a un montón de abogados y a una política de privacidad muy editada. La próxima vez que aparezca un recuadro que dice "nuestra política de privacidad ha cambiado", dale clic y lee con atención.

El mejor amigo del ladrón

En tanto que hay ejemplos numerosos y cómicos de gente que comparte demasiado o que publica fotografías de su maravilloso día de compras, justo horas después de reportarse enfermo al trabajo, uno de los nuevos peligros es el robo que se hace posible gracias a TMI (*Too Much Information*) en línea.

Los ladrones utilizan las redes sociales para identificar objetivos, es decir, usuarios que anuncian de manera evidente que van a salir de viaje. Gracias a muchas nuevas aplicaciones para publicar la ubicación (además del hecho de que tu nombre completo aparece en el listado de tus perfiles sociales), prácticamente podrías estar entregando las llaves de tu casa a los chicos malos.

Por ejemplo, tres hombres de Nuevo Hampshire robaron más de 200,000 dólares en bienes con sólo revisar actualizaciones en Facebook y tomar nota de aquellas que mencionaban que las personas no iban a estar en casa. Así que la próxima vez que quieras postear en tiempo real acerca de tu escapada tropical a Hawái, quizá debas detenerte un momento y pensar. No pretendo decirte qué hacer, pero la verdad nunca se sabe quién está poniendo atención y qué intenciones tienen.

El oso de Charlie

El notorio chico malo, Charlie Sheen, envío a Justin Bieber su número telefónico por Twitter, pero utilizó "@" en lugar de "DM". Para aquellos de ustedes que no conozcan la jerga de Twitter como su segundo idioma, lo anterior quiere decir que posteó su número en un mensaje público, y no como mensaje privado.

Casi de inmediato, Sheen borró su número para evitar que sus 5.5 millones de seguidores pudieran verlo, no sin antes haber recibido una buena dosis de 1,800 mensajes. La moraleja de la historia es siempre lee la guía de uso antes de lanzarte a enviar mensajes en alguna red social, o pregúntale a ese chico de tu clase que muy bien podría pasar por Sheldon, el personaje de *The Big Bang Theory*. También existe la posibilidad de que alguno de tus sabihondos amigos en línea sí sepa lo que hace, y pueda explicarte por chat privado cómo funciona.

La mayoría de las celebridades, y la gente talentosa que contratan para manejar sus cuentas, utilizan las redes sociales como una extensión de su persona pública. Las redes actúan como un agente de relaciones públicas gratuito que les ayuda a establecer su marca. Tú también deberías considerar tu perfil público como una oportunidad de forjarte una imagen positiva.

QUIÉN LO ESTÁ HACIENDO BIEN

Si bien es cierto que la mayoría de las historias que escuchamos se centran en revelar contraseñas y TMI, la buena noticia es que más de la mitad de los adolescentes lo hacen bien. De acuerdo con un estudio realizado por el Pew Research Center's Internet and American Life Project, el 62 por ciento de los adolescentes tiene perfiles privados de Facebook, apenas el 19 por ciento tiene un perfil parcialmente público y el 17 por ciento lo tiene público. El estudio también revela que el 55 por ciento de los adolescentes decidieron no postear algo en Facebook por temor a que esto les trajera consecuencias desagradables.

En los grupos de estudio del Pew Research, una estudiante de secundaria expresó su preocupación acerca de Facebook de la siguiente manera:

Tengo miedo de que algún día algo se me revierta y pueda acabar con mi mundo porque... es decir, no sé lo que haría... sería terrible... escucho historias y me preocupo. Le pido a mis amigos que si toman fotografías, no me etiqueten. No se puede etiquetar a alguien que no está en Facebook.

La buena noticia es que esta generación de adolescentes es, en general, responsable y debería recibir más crédito del que los adultos les conceden. Sin embargo, como las redes sociales cambian constantemente su configuración de privacidad en línea y sus políticas, conseguir un control completo de nuestra privacidad es todo un reto.

Algo importante que debes recordar es que si bien es fantástico que tu configuración de privacidad esté activada, siempre debes ser cauteloso respecto a lo que posteas a tus amigos. Mantén tu configuración de privacidad activa, sé inteligente al compartir y, ante la duda, no lo publiques.

EN CONCLUSIÓN

Mantén tu privacidad. A menos que le pagues a alguien $30,000 dólares al año por manejar tus cuentas (en tal caso, más vale que sepan lo que hacen y es probable que seas alguien famoso), asegúrate de leer la configuración de privacidad más reciente de la red social favorita. Recuerda que cambian de manera constante, así que es mejor estar seguros de quién puede ver qué. Recuerda que si publicas o comentas la fotografía de un amigo, eso también será visible para sus amigos y familiares, así que debe ser apropiado para todo público.

Sé cuidadoso con los vínculos raros. Ahora más que nunca, las personas se han dado cuenta de que piratear las redes sociales de sus amigos puede causar mucho más daño que el *hacking* de la vieja escuela. No importa si un enlace dice lo mucho que le gustará a tus amigos el supuesto sitio, nunca des clic a enlaces extraños que aparezcan en Twitter y Facebook.

Pide ayuda. Si no estás seguro de cómo enviar mensajes, de cómo activar tu configuración de privacidad o de cómo quitar una publicación que no te favorezca, es posible que alguno de tus amigos con más experiencia pueda ayudarte.

Mantén a tus amigos bajo control. Pídeles que quiten fotografías poco halagadoras, publicaciones o comentarios estúpidos. Nadie quiere parecer grosero, inmaduro, irresponsable o mezquino en un medio que no se puede romper y desechar. Todos entendemos que hay una presión real por permanecer relevante y tener seguidores en las redes sociales, pero es tu responsabilidad cerciorarte de que tu persona en línea no se vea obstaculizada por cosas que otros publican.

CUANDO PIERDES TU IDENTIDAD

CLIC

#2

El clic mortal: convertirte en víctima de robo de identidad

Con algo tan inocuo como tu nombre completo, tu fecha de nacimiento y una fotografía, una persona deshonesta puede robar tu identidad, abrir cuentas bancarias y llegar incluso a comprar una casa. Depende de ti que tu información permanezca privada y, por lo tanto, segura.

QUÉ NECESITAS SABER

 Sé que a todos nos gusta pensar que somos únicos, pero es sorprendente lo fácil que es clonar la identidad de otro. Iniciar sesión lo cambia todo. Hacer clic en un botón y tener acceso a la información de alguien en línea, en combinación con la tendencia por compartir de más en Facebook y la relativa facilidad de crear perfiles falsos, hacen del robo de identidad una amenaza real.

Hemos sido programados para compartir demasiado. Cuando la primera generación de usuarios de Facebook se registró, no lo pensó dos veces, dieron su nombre completo, lugar de nacimiento, cumpleaños y el nombre de sus mascotas. Lo dieron casi todo (excepto su primer hijo) a la red social y, por consecuencia, a ladrones en potencia.

La generación actual ha crecido en la era digital, donde todo está a un clic de distancia, y nos encanta. Hace que proyectos muy aburridos se vuelvan más divertidos, y que además podamos estar pendientes de amigos y enemigos con mucha más facilidad.

¿Quién está en riesgo? Cualquiera que comparta demasiada información personal puede convertirse en víctima de robo de identidad. Quizá pienses que no estás en peligro, pero todos debemos revisar las cuentas y redes sociales para estar seguros de que nadie se entrometa en nuestros asuntos.

El famoso empresario y creador de Facebook, Mark Zuckerberg, pirateó en octubre de 2004 la red de seguridad de Harvard para, estando ebrio, crear la versión Harvard de *"hot or not"* (aplicación que se usa para calificar el atractivo de las personas que suben sus fotografías). Su pequeño *hackeo* comparaba las fotografías de los estudiantes para que sus compañeros pudieran determinar quién era más atractivo. Hasta entonces los estudiantes confiaban en que el sistema en línea de Harvard era tan seguro como su primera oferta de trabajo, pero el ahora multimillonario genio de la programación les demostró que eran vulnerables.

Este capítulo será como hacer un alto en el camino para reprogramar nuestras ideas. Incluso si Facebook nos ayuda a recordar los cumpleaños de los demás, nada es privado y no todos leen de manera inocente las actualizaciones de sus amigos.

ZONAS DE PELIGRO

Los ladrones de identidad han evolucionado desde los días en que sólo se robaban tu tarjeta de crédito y tu número de seguridad social. Ahora, gracias al mundo digital, hay muchísimas formas de apoderarse de la vida de alguien. A continuación aparecen algunos ejemplos comunes que pueden llevar a una crisis de identidad digital.

Spam

Y no me refiero a esa carne misteriosa que viene en lata. Incluso con filtros activos en el correo electrónico, hay mensajes que logran colarse. Algunos de los más usados son los de tu banco, o tu tarjeta de crédito, donde te piden que visites una página web y vuelvas a dar toda tu información personal. Siempre pregunta a tu banco antes de entrar, ya que ellos no deben nunca pedir información a través del correo electrónico.

Si recibes un correo al azar, que contiene sólo una liga y nada de texto, no le des clic aunque provenga de alguien conocido, y avísale a tu amigo que es probable que hayan pirateado su cuenta. Con toda seguridad, si tu amigo te hubiera querido enviar algo, te habría hecho llegar algo más que una liga.

Páginas de internet incompletas

De acuerdo con Dave Waterson, presidente ejecutivo de una gran compañía de seguridad de datos, los ladrones encuentran que es muy recompensante robar identidades en línea, en especial cuando lo comparas con crímenes más tradicionales (algo tipo Bonny y Clyde). Es tan fácil como visitar un sitio web que parece seguro pero que en realidad instala software malicioso en tu computadora.

Una vez que han infectado tu computadora empieza el juego. Pueden acceder a tu usuario, contraseñas e información de tarjetas de crédito. Y con esa información es fácil acceder a tu cuenta de banco, pedir préstamos en tu nombre y robar tu dinero.

De acuerdo a un estudio hecho por el gigante de la seguridad Symantec, los siguientes sitios son (sorprendentemente) los que con mayor frecuencia contienen software malicioso:

1. Blogs y comunidades web

2. *Hosting* / sitios personales

3. Negocios / economía

4. Compras

5. Educación y referencia

Los sitios para adultos también aparecen en esta lista, pero en el lugar número diez, lo que ilustra la necesidad de vigilar nuestros hábitos en línea y asegurarnos de revisar nuestras cuentas con frecuencia.

UN EJEMPLO DE LA VIDA REAL: NAFEESA ONQUE

Las páginas de redes sociales de Nafeesa Onque seguramente te recordarán a las tuyas. Ella incluyó la información básica que sus amigos podrían necesitar: número de celular, si su relación era complicada (o no) y, desde luego, fotografías y actualizaciones de estatus.

Sin embargo, después de algún tiempo, Nafeesa empezó a tener problemas. Un impostor vengativo robó su identidad y creo cuentas de redes sociales falsas en las que pretendía ser Nafeesa. La página del impostor lucía perfecta, y engañó a sus conocidos para que se hicieran amigos. El impostor sabía a quién contactar dentro del círculo de amigos de la chica, y en el momento en que aceptaban su solicitud de amistad, los inundaba con correos basura y mensajes de odio.

Su madre combatió al impostor borrando las páginas, pero de inmediato aparecía una nueva página falsa. Nafeesa, sin embargo, se mantuvo firme. Se negó a borrar su cuenta real de Facebook con la esperanza de mostrar a los demás que esas otras páginas eran falsas. Al final, después de muchas horas de investigación, entrevistas e incluso la participación del FBI, fue posible atrapar a la chica que robó su identidad.

Estadísticas que dan miedo

Cada generación pasa más y más tiempo en línea, lo que hace que sea más fácil que ocurra el robo de identidad y las estafas. Un estudio reciente realizado en el Carnegie Mellon Cylab encontró que hay alguien más usando el número de seguridad de social de más o menos el 10 por ciento de los niños. Norton también condujo un estudio que mostró que el 63 por ciento de los niños, sin saberlo, ha participado en estafas virtuales, mientras que el 77 por ciento de niños ha descargado un virus por error. Sí, es fácil culpar aquí al villano (¡y con mucha razón!), pero la falta de educación acerca de la seguridad en línea es el cómplice perfecto.

Lo más inquietante de la historia de Nafeesa es que ella no hizo nada incorrecto. No compartió su número de seguridad social, ni publicó su dirección para que la viera todo el mundo. Su página de Facebook era como la tuya o como la mía. Pero sí posteó información suficiente para que pudieran robar su identidad. En este caso, el ladrón sólo quería arruinar su reputación, pero la mayoría de los ladrones de identidad tienen intenciones aún más nefastas.

QUÉ NECESITAS HACER

Protégete

Ashton Kutcher en la vida Punk

El otrora presentador del programa *Punk'd* de MTV vio cómo se cambiaron los papeles cuando piratearon su cuenta de Twitter. El hacker pensó que sería divertido inventar la historia de que Ashton tenía una nueva relación y tuiteó la localización del nuevo amor en cuestión.

El giro brillante de la historia es que dicho hacker no era un cibergenio como muchos otros, y no se percató de que, además del tuit, publicó también su propia ubicación, pues la cuenta de Twitter estaba ligada a Foursquare, la red social de localización.

Kutcher respondió de manera inteligente: "Muy bien, Sr. Hacker, pero cometiste un error. Pirateaste mi Foursquare y ahora tengo tu dirección. Uups... esto será divertido". Los tuits fueron borrados desde entonces, pero quedó el mensaje donde Ashton advierte que va a ir por lo que quede del hacker, e incluye un mapa con la dirección del pirata cibernético.

Aunque Kutcher no presentó cargos, sí aprendió una valiosa lección: Vigila tus cuentas y cambia tus contraseñas con frecuencia.

Nunca sueltes...

... la información de tu tarjeta de crédito. La otra cara del robo de identidad en línea es cuando esos furtivos piratas roban tu información crediticia y, por lo tanto, tu crédito. Los adolescentes son el blanco favorito de este delito porque no revisan su historial crediticio y sus tarjetas con tanta frecuencia, como los adultos. Ellos no están inundados de cuentas, hipoteca, y (por lo general) deudas de tarjeta, así que no sienten la presión de estar al tanto de sus cuentas bancarias. Además los historiales crediticios de adolescentes son casi siempre prístinos, lo que los convierte en un premio tentador para un hacker con un historial menos que perfecto.

La buena noticia es que la pelota está en tu cancha, sé inteligente. Debes revisar tus estados de cuenta en línea (ambos, débito y crédito) a menudo. Puedes hacerlo a diario si lo crees necesario, pero conectarse tan sólo dos veces a la semana a tus cuentas te mantiene al tanto y puede convertirse en la diferencia entre ser estafado o no.

Los guardaespaldas

Existen compañías que actúan como un guardaespaldas contra estos enemigos. Aunque la mayoría de las compañías cobran una tarifa, puede que la inversión valga la pena, en especial si pasas mucho tiempo en línea.

LifeLock

Quizá hayas visto los comerciales: El presidente ejecutivo de LifeLock tiene tanta confianza en su producto que incluso muestra su propio número de seguridad social al aire. LifeLock monitorea tu crédito y te ayuda a responder en caso de robo de identidad. Te alertan si notan cualquier actividad sospechosa, borran tu nombre de las listas de envío de esos molestos correos de tarjetas de crédito (tan sólo por ese servicio vale la pena pagar), y obviamente, si alguna vez roban tu identidad, te ahorran un tiempo valioso. Una vez dicho esto, no recomiendo hacer público tu número de seguridad social sólo porque hayas contratado este servicio. Recuerda que estás protegido, no eres invencible.

Norton Identity Safe

Lo creas o no, Norton ofrece más que protección antivirus. Norton Identity Safe bloquea sitios de internet falsos, mantiene seguros todos tus accesos y contraseñas, y guarda tu información personal para que los hackers no puedan verla. Piensa que es tu gerente personal de sistemas, pero sin la confusa jerga tecnológica.

Obtén tu reporte de crédito

Como mencioné antes, el error más grande que puedes cometer, si de internet y tu crédito se trata, es un nunca revisarlo. Gracias a La ley de Reporte Justo de Crédito, las compañías crediticias están obligadas a entregarte, una vez al año, y de manera gratuita, un reporte de crédito. Puedes leer más acerca de cómo funciona en su sitio web, o visita la página AnnualCreditReport.com para tener la información más actualizada.

La barra verde

Para terminar, hay un modo simple (y quizá más importante, gratis) de garantizar que estás en un sitio web seguro. Cuando estés listo para hacer una compra o registres cualquier información personal, siempre asegúrate de que la barra (donde tecleas la dirección URL del sitio) sea verde. Compañías como Symantec te brindan la barra verde. Su objetivo es que sea fácil reconocer sitios seguros. También, debería siempre aparecer la pequeña imagen de un candado junto a la dirección URL de internet. Busca el logo de VeriSign (por lo general, localizado en la esquina del sitio web) que muestra que es un sitio fiable para comprar ese lindo par de zapatos.

QUIÉN LO ESTÁ HACIENDO BIEN

El Identity Theft Council ayuda a educar a las comunidades acerca del robo de identidad y su prevención. La idea es que "cada comunidad, sin importar lo pequeña que sea, pueda combatir este delito: para ayudar a las victimas a recuperarse, para aliviar la carga de la policía y para enseñar a los usuarios acerca de las muchas opciones que tienen para prevenir este crimen".

Ahora bien, eso suena fantástico y maravilloso, pero sí que están haciendo algo bueno por las comunidades. Ellos incluso brindan oportunidad a los jóvenes de convertirse en parte del Junior Council Program. De esa manera el Consejo no solamente capacita a los jóvenes sobre el tema de robo de identidad, seguridad en línea y privacidad, sino que también les permite lograr un impacto positivo en su comunidad.

En cada comunidad, los miembros junior:

1. Establecen un programa escolar por medio del cual hacen llegar la información a otros estudiantes, consiguen el apoyo de maestros y directores, crean conciencia a través de competencias y campañas, y realizan eventos de aprendizaje en la escuela.

2. Sirven a la comunidad. Invitan a padres de familia, dueños de negocios y a la policía local para educar y divulgar los eventos que tienen lugar en la escuela, que cuentan con el auspicio de los bancos y uniones de crédito locales.

3. Con la ayuda de los socios locales y nacionales los participantes pueden explorar las opciones para hacer carrera en el área de seguridad cibernética, sea en la iniciativa privada, o en seguridad nacional, y de esa manera trazar su camino profesional.

EN CONCLUSIÓN

Mantente alerta. Revisa a menudo tus cuentas de redes sociales, tarjetas de crédito y otros sitios. Nos referimos a revisar historiales crediticios cada tres meses y el resto de tus cuentas dos veces por semana (en promedio). Si esperas a que se dispare alguna alarma, sea en tu historial crediticio, o con una publicación extraña en alguna de tus redes sociales, es probable que sea demasiado tarde.

Haz compras inteligentes. Esa bolsa Louis Vuitton que tanto quieres y que has encontrado a un precio más que razonable en algún sitio web desconocido, ¿no te parece sospechoso o inseguro? Siempre busca algún tipo de servicio de verificación y/o la barra verde.

Actúa. Si crees que alguien ha robado tu identidad, alerta a algún adulto (si eres menor de 18 años), o ponte en contacto con los negocios pertinentes (bancos, compañías de tarjetas de crédito, tiendas), levanta una alerta de fraude sobre tu historial crediticio, presenta una queja ante las autoridades pertinentes y lleva un registro de las llamadas, correos electrónicos, y documentación que se generen cuando esto ocurra. No importa lo desesperado que te sientas, ser organizado es muy importante.

CUANDO TE CONVIERTES EN VÍCTIMA

CLIC #3

El clic mortal: ser presa de un depredador en línea

Esta amenaza se presenta en todas las formas y tamaños. Puede ser tan "inocente" como que alguien pretenda ser alguien más en un chat (más al respecto en un momento), o tan peligroso como un depredador que trata de convencerte para que se vean en persona después de semanas de conversaciones privadas o correos electrónicos.

QUÉ NECESITAS SABER

Lo que en verdad quiero demostrarte en este capítulo (y espero lograrlo cuando te comparta mi propia historia) es que hasta la acción más inocente se puede convertir en un desastre. Incluso tú, experimentado pionero digital, puedes meterte en problemas en el tiempo que tardas en postear que estás en un Starbucks. En los días en que los depredadores en línea no existían, nos decían, "no aceptes dulces de un desconocido" y "nunca te subas al auto de un extraño". Esas eran las amenazas más recurrentes para los niños de la década de 1980. Hoy en día te pueden acosar, encontrar, intimidar, engañar, dar dulces (por decirlo de algún modo) a través de tu teléfono celular o en la seguridad de tu propia casa. Puesto que los adolescentes están creciendo en línea, nuestra manera de pensar debe cambiar. "No aceptes dulces de un desconocido" se ha convertido en "No aceptes solicitudes de amistad de un desconocido" y "no publiques demasiada información personal". Pero tú eres mucho más listo, ¿cierto?

Los blancos principales son adolescentes e incluso niños. Por desgracia, la amenaza se ha expandido, ahora va desde evitar gente extraña en camionetas blancas hasta la detección de algún comportamiento sospechoso en línea. Es más fácil decirlo que hacerlo, pero tanto los niños como los adultos jóvenes son los blancos perfectos para personas sin escrúpulos.

Conforme el mundo en línea ha evolucionado, también lo han hecho los depredadores. Es atemorizante reconocer que ellos han aprendido a encontrar a sus víctimas en las circunstancias menos esperadas, y cuando más vulnerables se encuentran. Lamentablemente, esto lo viví yo en carne propia hace varios años.

Una nota referente al riesgo

Antes de quedar en una situación que podría ser peligrosa, siempre debes evaluar los pros y los contras. Con quién compartes tu información personal y cuánta información compartir es un tema tan serio como con quién decides salir. De hecho, hay muchas similitudes entre las dos situaciones.

Tomas todas las precauciones necesarias al momento de involucrarte en una relación, y deberías tener una actitud semejante en cuanto a la correspondencia en línea. ¿Cuánto confías en esta persona? Si la persona en cuestión es un extraño, o alguien que apenas conoces, ¿quieres detenerte o limitar tu interacción hasta que te sientas más seguro? ¿Quieres desconectarte del todo en caso de que intente contactarte?

Catfish

Convertirse en presa en línea es tan frecuente que recién se acuñó un término para describir una variación de esto: *catfish*, que se ha vuelto tan común entre usuarios experimentados que MTV convirtió un documental de este fenómeno (que es donde se originó el término) en un exitoso programa de televisión. Para aquellos de ustedes que son más de la generación MTV de Carson Daly y el programa *The Grind*. La definición y ejemplo de catfish del *Urban Dictionary* quizá lo expliquen mejor:

Un catfish es alguien se hace pasar por otra persona y utiliza Facebook u otra red social para crear identidades falsas, en especial para tener romances en línea.

"¿Supiste cómo le hicieron catfish a Dave el mes pasado? ¡La chica sensual con la creía que chateaba resultó ser un pervertido de San Diego!"

Usa tu instinto para asegurarte de estar atento a todos los problemas potenciales que puedan surgir. Tú tienes el control. Haz caso a tu intuición y si en algún punto algo te parece raro, retírate.

Eres inteligente, usa los consejos de tu madre y toma una decisión por ti mismo. Nunca debes sentirte presionado a compartir más, si no te sientes cómodo con ello. Si sientes que algo está mal, avísale a alguien. No hay por qué sentirse avergonzado, se trata de que estés cien por ciento seguro.

Este pensamiento lógico te mantendrá a salvo y te ayudará a estar consciente sin cegarte por una relación, presión de amigos, o la idea de una nueva amistad. Tú tienes el control, asegúrate de ejercerlo.

 ## UN EJEMPLO DE LA VIDA REAL: YO, YO Y YO

Antes de Facebook, Twitter y Google+, existió MySpace (y me cambió la vida). Por primera vez la gente podía reunirse en una red social que podías personalizar (para ser honesta, aprendí a programar en código HTML para cambiar los colores de letras de mi perfil), podías construir listas de amigos, publicar comentarios y, quizá la peor característica, compartir fotografías.

En aquel entonces yo era una chica responsable de dieciocho años, y usaba MySpace para encontrar trabajo. Estaba decidida a convertirme en el próximo Perez Hilton o Anna Wintour (no necesariamente en ese orden). Después de enviar el mismo mensaje genérico a infinidad de editores, escritores, reporteros y periódicos, preguntando si estaban contratando o si podían ofrecerme un consejo, por fin recibí una respuesta.

El editor de deportes de un periódico local estaba interesado en ver mis escritos. Me sentí feliz, emocionada más allá de lo que puedo expresar con palabras, y optimista de que por fin conocería a alguien que quisiera escuchar y ayudar.

Después de algunos mensajes de ida y vuelta, presentí que había algo raro. Él insistía en que nos reuniéramos para comer y me dijo que había un departamento disponible (convenientemente al lado del suyo) en renta, y creo que en algún punto me llamó sexy. Esa fue la gota que derramó el vaso. Era muy evidente que el Sr. Editor no estaba interesado en mi trabajo.

Al poco tiempo comenzaron las amenazas: le dije que le iba a contar a su jefe, y él amenazó con copiar y pegar fotografías mías poco profesionales (en disfraces graciosos de Halloween) en la red. Llegamos a un punto muerto, lo bloqueé de todos mis perfiles y puse fin a todo contacto.

En retrospectiva, debí haber tomado más en serio las fotos, y también debí haberlo reportado. Sin embargo, la seguridad en línea no era un tema tan importante cuando yo era joven, no estábamos educados acerca de lo que estaba permitido en el ciberespacio. Este altercado es una de las razones por las que hoy en día tomo muy en serio la seguridad en línea.

Conforme el mundo web evoluciona, se hace cada vez más fácil participar en actividades por internet para adolescentes y niños. Incluso si te parece imposible de creer, algo similar podría ocurrirte a ti (a los adolescentes y a los adultos por igual). De hecho ocurrió recientemente en Florida. La policía local arrestó a cincuenta hombres que se dedicaban al *catfishing*.

Un grupo policial que se hacía pasar por adolescentes (o por padres que estaban dispuestos a vender a sus hijos) invitaban a los depredadores a una linda casa a las afueras de Orlando, en donde los arrestaban. Y aunque sería bueno tener siempre a un policía a tu lado, la verdad es que estos escenarios engañosos se han convertido en algo frecuente, razón de más para ser cauteloso y no confiar en desconocidos.

QUÉ NECESITAS HACER

Sé inteligente

Facebook y otras redes sociales grandes tienen instalado un software para detectar a los escurridizos depredadores. Por ejemplo, el 9 de marzo de 2012, el software de Facebook señaló a un hombre mayor (como de treinta años) chateando con una jovencita. El personal de Facebook encargado de monitorear de inmediato llamó a la policía y los agentes atraparon al sujeto.

Aunque la tecnología intenta mantenernos a salvo, existen algunos casos en que ha resultado dañina en lo referente a seguridad. Por ejemplo, Skout, una aplicación para teléfono inteligente, inocente en apariencia, que se usa para coquetear con extraños cerca del lugar donde te encuentras, ha facilitado que algunas adolescentes hayan sido agredidas sexualmente por adultos. Un caso similar es el de Habbo Hotel, un mundo virtual para adolescentes que ha facilitado a los depredadores encontrar víctimas incautas en línea, y existen algunos casos documentados en que adultos lograron el acceso a los adolescentes a través del sitio.

Tinder, una aplicación más reciente para citas que ha ganado popularidad con rapidez, es un poco más segura. A través de la aplicación puedes ver fotografías de personas que se encuentran en la misma área que tú. Si ambos le dan "like" a la foto del otro, la aplicación permite empezar el intercambio de mensajes privados. Tinder promete que tu actividad jamás aparecerá en Facebook y (una pieza clave de la seguridad de esta aplicación) que es necesario tener una cuenta de Facebook para entrar. Pero incluso con estas medidas de seguridad, debes tener cuidado: sigue siendo demasiado fácil crear una identidad falsa en línea.

Conforme la necesidad de lograr un ambiente seguro para los adolescentes en la web se incrementa, la buena noticia es que las compañías tecnológicas están siempre en busca de maneras innovadoras para garantizar esa seguridad, aunque, algunas veces, sus soluciones tienen consecuencias no previstas. Es el caso del software para monitorear depredadores, una buena idea en teoría, pero que se ubica en la muy delgada línea entre escuchar conversaciones sociales e invadir la privacidad.

Además, el software de seguridad tiene límites en cuanto a su eficacia. Dado que es muy fácil mentir acerca de tu fecha de nacimiento en las redes sociales, el FBI se mantiene muy ocupado rastreando depredadores en línea.

La moraleja de esta historia es que en lugar de confiar en que algún nuevo software de seguridad haga todo el trabajo por ti, lo mejor para mantenerte a salvo es ser inteligente, seguir tu intuición y mantener a tus padres informados.

Carl

La tira cómica de Josh Catone, publicada por Mashable, ilustra el lado humorístico de la depredación en línea. En ella aparece un grupo de gacelas junto a un abrevadero, y una manada de guepardos en una loma, listos para atacar. Entonces una gacela le dice a otra: "rayos Carl, ¿podrías dejar de hacer "check in" en el abrevadero?".

Quizá no todo mundo sea un felino salvaje, pero el ejemplo sí es pertinente. Si publicas dónde te encuentras, tus amigos van a saber dónde estás y sí, vas a presumir acerca de tu fabuloso sábado, pero este tipo de aplicaciones vienen acompañadas de una gran responsabilidad. Permitir que tu localización sea pública es algo que debes tomar en serio.

QUÉ NECESITAS EVITAR

Tienes correo

Un cien por ciento de las veces, cuando un desconocido pregunta si te gustaría conocerlo en persona, la respuesta obvia debería ser no, por lo menos al principio.

Esto es válido sin importar la edad que tengas. Los adultos deberían tratar de conocer a la persona con quien van a salir a través de chat o correos electrónicos, antes de quedar para verse en un lugar neutral (bar, café, restaurante, o cualquier sitio donde haya gente o amigos cerca). Si eres adolescente *jamás* debes aceptar encontrarte con un desconocido en persona. Ya tendrás tiempo de sobra para eso cuando seas mayor.

El problema de comunicarse con alguien en línea es que nunca sabes de verdad en qué tipo de situación te estás metiendo. Una vez dicho lo anterior, es difícil predicar que nunca debes conocer en persona a un amigo virtual cuando la cantidad de citas en línea aumentan año con año.

La película de los años noventa *You've got mail*, que protagonizan los siempre adorables Meg Ryan y Tom Hanks, hace que parezca glamoroso conocer a alguien a través de internet. Meg y Tom comienzan a platicar de forma inocente en una sala chat, y después en el servicio de mensajes instantáneos de AOL, para por fin aceptar conocerse en persona. Meg admite que no tiene idea de quién es ese hombre pero acepta encontrarse con él en un parque, a solas.

Quizá parezca que quiero convertir esta dulce película en una historia de terror, pero la realidad nos dicta que si bien el internet ha hecho más fácil conocer gente, es importante ser cuidadoso (adultos incluidos).

Reconoce las señales

De acuerdo a un estudio del *American Journal of Nursing*: "cerca de dos tercios de los delincuentes sexuales en internet mencionan el tema del sexo durante su primera sesión de chat con adolescentes y adultos jóvenes". El estudio, en el que participaron aproximadamente cuatrocientos estudiantes de secundaria, dos mil de preparatoria y cerca de mil doscientos en el último año de la universidad, reveló que la mayoría de los delincuentes oculta su verdadera identidad cuando están en línea. También se descubrió que el 59 por ciento de los chicos de secundaria habían conversado por medio de algún chat con un desconocido, mientras que el 32 por ciento de ellos incluso aceptó conocer a dicha persona. La estadística que más preocupa es que el 58 por ciento de las chicas de preparatoria decidieron llevarlo al siguiente nivel y reunirse con la persona a quien conocieron en línea.

Las agencias de investigación toman muy en serio a los depredadores, y con mucha razón. Según el FBI, hay una serie de patrones comunes que estos delincuentes suelen seguir:

1. Localizar a los adolescentes por la noche.

2. Enviar fotografías inapropiadas, incluyendo pornográficas.

3. Llevar una relación en línea al teléfono.

4. Enviar regalos y cartas.

Si notas cualquiera de estas características, sé inteligente, sé consciente y cuéntale a alguien.

Citas por internet – prácticas idóneas

Si ya tienes edad para empezar a usar (con seguridad) sitios y aplicaciones de citas en línea, es importante entender cómo es el comportamiento normal en estas situaciones. Además de siempre vigilar tu seguridad y ser muy preciso en tu perfil en línea, puedes seguir estos consejos:

1. Reunirse en un lugar público para una cita breve (en un bar, café, o restaurante) ayuda a mantener las cosas en control, y te facilita una salida en caso de que sientas mala vibra. Asegúrate de decirle a alguien, con antelación, a dónde vas y con quién te vas a reunir.

2. Un mensaje o conversación privada normal no hará que te sientas incómodo o amenazado: hazle caso a tu intuición.

3. Tu pareja potencial respetará tu privacidad y deseos: si no estás listo para conocerlo(a) en persona, o no quieres compartir información personal, debe dejar de presionarte.

QUIÉN LO ESTÁ HACIENDO BIEN

 Como prefacio a esta sección diré que de ninguna forma apoyo el combate al crimen por mano propia. Me encantaría disfrazarme de Batichica y patrullar las calles de San Francisco, luchar contra el crimen y buscar a los depredadores, tanto como a cualquiera, pero es una idea terrible.

Esta idea terrible es lo que un grupo de adolescentes de la Columbia Británica decidió hacer. Decidieron hacerse pasar por niños en línea y confrontaron a los depredadores cara a cara (o debería decir máscara a cara) disfrazados de superhéroes. Al poco tiempo la policía tuvo que intervenir y terminar con la fiesta de justicieros para garantizar la seguridad de los superhéroes adolescentes.

Si bien tratar de convertirse en un héroe en la vida real es una muy mala idea, la buena noticia es que esta historia demuestra que los adolescentes se han vuelto más conscientes de los peligros en el mundo digital, y no necesitas disfraces para crear conciencia.

EN CONCLUSIÓN

Protege tu privacidad. Asegúrate de que la configuración de privacidad se encuentre siempre activa y (sorpresa, sorpresa) recuerda que nunca debes compartir demasiada información.

Haz caso a tu intuición. Este es el consejo más importante que puedo ofrecerte. En el momento en que una conversación te haga sentir incómodo, o tu intuición te diga que te salgas de internet y apagues la computadora, cuéntale a un adulto.

Mantén una línea abierta con tus padres y compañeros. Hablen acerca de las experiencias buenas y malas que han tenido en línea. Pueden aprender de sus propios errores para no repetirlos.

EL *SEXTING*

CLIC #4

El clic mortal: *sexting*

Estoy segura de que has escuchado al respecto, demonios, es más que probable que hayas participado voluntariamente o coqueteado con la idea. De hecho, una nueva investigación publicada en la revista *JAMA Pedriatics* en 2012 reveló que uno de cuatro adolescentes admitió haberlo hecho. Si aún no estás familiarizado con el término, *sexting* es cuando alguien envía textos o fotografías, de contenido sexual explícito, de sí mismo o de alguien más. El problema ocurre cuando una persona en quien confías pasa de amigo a enemigo en apenas un clic. El internet es para siempre, mientras que el amor es... menos perenne.

QUÉ NECESITAS SABER

En este caso, al igual que en los otros "clics mortales", la raíz del problema radica en compartir de más, y este tipo de información en particular puede ocasionarte un dolor de cabeza más rápido de lo que imaginas.

Los principales infractores son los adolescentes (aunque también adultos, más al respecto adelante). Es verdad, los tiempos han cambiado desde los días en que nuestros abuelos se cortejaban a través de notas escritas a mano. Y sí, lo puedo confirmar, existió un momento cuando salir con alguien era algo simple. O por lo menos, algo un poco más simple. Invitabas a alguien a la graduación, en persona; salías a citas y te comunicabas, en persona, y seguías adelante con tu vida adolescente, así en persona. Sin embargo, en algún punto todo se volvió un tanto más complicado. Toda esta nueva tecnología cambió nuestra forma de interactuar y nos dio nuevas y emocionantes maneras de coquetear, cortejar y tener citas.

El riesgo de exponer nuestra vida privada siempre ha estado presente, sólo que ha evolucionado con los años. Todavía recordamos el promiscuo ascenso a la fama de Pamela Anderson y de Kim Kardashian con sus videos sexuales. Ahora que las videocámaras son casi obsoletas, podemos contar con nuestros teléfonos móviles, siempre listos para hacer el trabajo sucio.

La enorme disponibilidad de los teléfonos inteligentes permite que cualquiera tenga la capacidad de convertirse en pornógrafo *amateur*. Pero participar en videos sexuales o escribir textos de contenido sexual es riesgoso y, en el caso de los adolescentes, el riesgo es mayor debido a las leyes que condenan la pornografía infantil.

En tanto que para los adolescentes *todo* lo que tiene que ver con el sexo implica algún nivel de riesgo, el *sexting* es la impactante diferencia entre seguridad aparente y peligro real. Como evidencia, revisemos las pruebas a continuación.

SEXTING: AL DESCUBIERTO

A medida que se vuelve más común, un mayor número de aplicaciones y servicios han aparecido con la más o menos explícita intención de seguir esta tendencia. Sea que estés planeando publicar la fotografía de un inocente beso, sea un video no tan candoroso, nunca ha sido tan fácil exponer los momentos más íntimos. A continuación, una lista de algunos de los principales sitios en los que ocurre el *sexting*. No es sorprendente que este tipo de herramientas sean tan populares, pero si no tenemos cuidado, dado que es muy fácil llevarla a cabo, esta práctica nos puede poner en situaciones muy comprometedoras. Así que primero aprende a utilizar la herramienta y después procede con precaución.

Snapchat

Snapchat permite a los usuarios tomar una fotografía, enviarla a un amigo y que quien envía decida cuánto tiempo permanecerá dicha foto en la pantalla, antes de "desaparecer para siempre". Piensa de uno a cinco segundos en promedio.

Snapchat al principio se comercializó como el siguiente Instagram, pero no pasó mucho tiempo antes de que todos se pasaran de listos. Y la verdad es que es la herramienta perfecta para el sexting. Snapchat supuestamente permite que los usuarios envíen mensajes de contenido sexual de forma "segura", pues las fotografías y los videos no permanecen para siempre.

Además ofrece la capacidad de fotografiar cualquier cosa que aparezca en la pantalla de tu móvil. Un par chicas adolescentes aprendieron a la mala que, aunque la aplicación te alerta cuando alguien hace una foto de la pantalla, una vez que llegas a ese punto ya estás frito.

Las fotos que las chicas enviaron fueron capturadas y publicadas en Instagram, donde todos podían verlas. La policía tuvo que intervenir y hacer que los padres revisaran los celulares de sus hijos para asegurarse de borrar todas las fotografías de desnudos, pues cualquier menor que no las borrara podría ser acusado de posesión de pornografía infantil. Por suerte, estas dos chicas aprendieron una lección que puede ser útil para todos los usuarios de Snapchat.

¿Logras ver el patrón? No existe una manera segura de hacer *sexting*. Se trata de una receta para el desastre, así de simple. Tomar fotografías de desnudos y enviarlas a alguien es igual a quedar avergonzado, a involucrar a la policía, y a que alguien sea acusado de delitos graves.

Vine

Es considerado el Instagram para videos, lo usan adolescentes y adultos por igual. El 24 de enero de 2013, Twitter anunció la aplicación explicando que Vine "te permite capturar y compartir videos cortos. Al igual que los tuits, la brevedad de los videos en Vine (6 segundos o menos) sirve para inspirar la creatividad. Ahora que puedes capturar con facilidad movimiento y sonido, estamos ansiosos por ver tus creaciones".

Sí, Twitter, estoy segura de que el *sexting* ni siquiera cruzó por su mente. Al igual que con Snapchat, las mismas preocupaciones son válidas para Vine. Aunque no dudo que haya quien utilice Vine de forma responsable, el riesgo siempre está presente para cualquiera que cruce la línea.

Facetime

Es cierto que los comerciales del Facetime de Apple apelan a los sentimientos. Muestran todo tipo de personas interactuando en Facetime con sus seres queridos, acercan el elemento humano al iPhone, algo que pocas compañías han logrado. Además, todos lo usan. Mis padres lo utilizan conmigo de tanto en tanto. En Navidad del año pasado utilizamos Facetime con cada una de mis tías y tíos después de la cena.

Cualquier tipo de aplicación como esta (ya sea en el iPhone, Android o Skype) puede ser inocente y divertida, pero si decides usarla para *sexting* recuerda que el tema de la fotografía de pantalla sigue presente. Una vez que se toma una foto de la pantalla, esta puede terminar con facilidad en las manos equivocadas y atormentarte por mucho tiempo.

Mensajes instantáneos

Debo admitir que incluso mencionar el término mensajes instantáneos parece anticuado; sin embargo, hoy en día es más relevante que nunca. Este servicio tradicional que comenzó en los noventas con ICQ y AIM evolucionó en mensajes directos, o DM, en Twitter, Skype, Google Hangouts, Messenger de Facebook, Whatsapp, Line y todo tipo de aplicaciones similares. Algunos de estos programas permiten utilizar video además de mensajes de texto y, si bien pueden ser formas productivas de comunicación para el uso personal y profesional, la facilidad con que se puede copiar y pegar o fotografiar la pantalla los vuelve peligrosos.

UN EJEMPLO DE LA VIDA REAL: MARGARITE

Margarite (cuyo apellido no se menciona en el artículo del *New York Times* para proteger su privacidad) era una chica de secundaria. Una adolescente promedio con un drama adolescente promedio. Y hace poco se convirtió en víctima de una chica cruel y abusiva que solía ser su mejor amiga, lo que ocasionó que su círculo inmediato la rechazara hasta el punto en que tenía que comer sola durante los recesos escolares.

Antes de que la pesadilla ocurriera, lo que hacía más llevadera la escuela era que había empezado a salir con Isaiah, un chico atlético y bien parecido. Una tarde, Margarite se encontraba frente al espejo de su baño, se tomó una foto (sin ropa) y la envió a Isaiah. Y así como el amor adolescente termina pronto, en un arrebato de pasión y desprecio (¿por qué crees que Romeo y Julieta, de Shakespeare, eran adolescentes?), Margarite e Isaiah terminaron su relación unas semanas después.

Uno de los principales problemas que representa arrojar tu desnudo al ciberespacio es que bastan unos clics para "compartir el amor", por decirlo de alguna manera. Y eso fue justo lo que hizo Isaiah. Cuando terminaron, reenvió la fotografía a la que fuera alguna vez la mejor amiga de Margarite. Ella, a su vez, la reenvió a todos sus contactos con el siguiente título: "¡Alerta!, si consideras que esta chica es una puta, envía la foto a todos tus amigos".

El huracán y el caos que esto ocasionaría era inimaginable. Más tarde, esa misma mañana de enero, el celular de Margarite comenzó a sonar. Horrorizada, encontró numerosos mensajes de amigos, y "pretendientes", todos haciendo referencia a esa fotografía  comprometedora. Su madre se dio cuenta y la policía decidió interrogar a Margarite. Mientras tanto, la directora de la escuela, desesperada, intentaba ejecutar un agresivo plan de control de daños. Después de varias semanas terribles, el fiscal del condado presentó cargos por distribución de pornografía infantil contra los tres estudiantes que iniciaron la publicación viral.

Nadie gana en una situación como esta. El futuro de Margarite siempre se verá amenazado por esta fotografía de su pasado, mientras que los chicos que distribuyeron la fotografía cuentan ahora con un registro criminal.

QUÉ NECESITAS HACER

Recuerda: El *sexting* no discrimina

No me sorprende que los adolescentes participen en *sexting*. Las herramientas están disponibles: aplicaciones, cámaras, teléfonos celulares. Tenemos todo el equipo necesario, ¿por qué no hacerlo parte de nuestras vidas?

Una de las razones por las que el *sexting* se ha convertido en un tema tan superfluo es que está presente en todos lados de la cultura pop. En el show de televisión *Glee*, por ejemplo, hay un episodio donde Santana (la intensa porrista de la escuela) envía a Puck (el chico malo) textos explícitos mientras él está con otra chica.

Así como la vida imita al arte, las celebridades también se han unido al carrusel del *sexting* en sus relaciones. Blake Lively del programa *Gossip Girl* se vio envuelta en un escándalo cuando circularon por la red fotografías donde aparecía desnuda. El "macho" de la NFL, Brett Favre, recibió una multa de cincuenta mil dólares por enviar una fotografía lasciva suya a una reportera. También los políticos incurren en actos indecentes: Anthony Weiner admitió haber enviado fotografías inapropiadas a seis mujeres diferentes. Y al parecer no escapará fácilmente de las consecuencias. Cuando el escándalo salió a la luz, las donaciones a su campaña se ubicaron en $1,800 al día, mientras que antes del desastre la suma rondaba los $16,000 (y perdió la elección). Que esta sea una lección para todos nosotros. Unos cuantos actos irresponsables pueden atormentar nuestra vida profesional y personal para siempre.

Cuando las celebridades, los atletas y los políticos por igual ponen como ejemplo que el *sexting* es sexy, es fácil entender la presión para muchas personas de incorporarlo a su propia relación. Sin embargo, existen maneras respetuosas de expresar nuestro amor y devoción a nuestra pareja sin la ayuda (o el peligro) de mensajes de contenido sexual.

Plan B

Fotos lindas

Si bien los desnudos son comunes, es posible enviar textos que incluyan (¡suspiro!) alusiones más inocentes. Puedes expresar tu amor con una fotografía donde envíes un beso o con un atuendo bonito en lugar de algo lascivo. Si no quieres que el mundo entero lo vea, no se lo envíes a nadie. Esa es la regla de oro.

La vieja escuela

¿Recuerdas las cartas y las tarjetas? Son esas cosas que tu abuela te envía en tu cumpleaños con un billete de 200 pesos. Siempre es agradable ser retro. Tu tarjeta tardará un poco más en llegar a su destino pero el tiempo y esfuerzo que invertiste siempre serán apreciados. ¡El romance está en el aire!

Si te gusta sentir el peligro

Si insistes absolutamente en hacerlo, por favor no lo hagas con fotografías. Puedes mejor pensar en algo tan simple como enviar memes o imágenes modificadas que impliquen lo que querrías decir a través de un desnudo. Algunas líneas clásicas pueden ser: "Quiero hacer cosas malas contigo" o "Eres tan guapa que te publicaría en Instagram sin filtro".

QUIÉN LO ESTÁ HACIENDO BIEN

Ahora que has aprendido de los errores de Margarite, espero que su historia sirva de advertencia y de ejemplo. Cuando le preguntaron qué consejo le daría a los adolescentes acerca del *sexting*, ella dijo: "Creo que si van a enviar una fotografía, y tienen un presentimiento, si no están seguros, es mejor no hacerlo. ¿En qué están pensando? ¡Es estúpido!".

La historia de Margarite no es única, pero por suerte hay organizaciones enfocadas en la educación y prevención con adolescentes. Por ejemplo, la campaña de MTV, *A Thin Line,* educa a los adolescentes acerca de las causas y los efectos del abuso digital. Dedican una sección completa de su página web al *sexting*, informan de qué se trata, qué puede ocurrir si participas y cómo debes establecer tus límites.

EN CONCLUSIÓN

Di no. Si alguien te envía algo que te hace sentir incómodo, es tu responsabilidad pedirle a ella o él que se detenga.

Atrévete a pensar de manera diferente. El *sexting* es una tendencia que no va a desaparecer, pero eso no quiere decir que tengas que hacerlo.

Sé creativo. Hay un millón de formas en que puedes mostrar a tu pareja que la deseas. Lo más probable es que la vieja escuela (flores, tarjetas y poemas) haga que te destaques del resto.

EL ACOSO CIBERNÉTICO

CLIC

#5

El clic mortal: Acoso cibernético

La mala noticia es que este es uno de los peores pecados cibernéticos en que puedes incurrir, y sus consecuencias pueden perjudicarte a ti y a otras personas. Sin embargo, las malas noticias tienen un lado positivo. En años recientes, el acoso cibernético se ha convertido en un problema de tal magnitud que por fin las autoridades y la administración de las escuelas lo están abordando, así que ahora hay recursos y sistemas de apoyo que pueden ser de ayuda.

QUÉ NECESITAS SABER

Lejos están los días cuando sólo debías preocuparte de no ser acosado en la escuela. Las redes sociales y los celulares han dado a los acosadores nuevas plataformas para hostigar a sus víctimas. Y las estadísticas son desconcertantes: un estudio que realizó Pew Research reveló que el 88 por ciento de los adolescentes han sido acosados en alguna red social.

El ciberacoso tiene varios grados. Abarca desde la publicación de mensajes de odio en la página de Facebook de alguien para hacer que se sienta mal, hasta crímenes violentos, tales como en el caso reciente de Audrie Pott, de quince años, quien se suicidó después de que unas terribles fotografías donde era atacada sexualmente circularan por la red.

Por desgracia, el caso de Audrie no es el único. Las autoridades canadienses están investigando un caso similar que llevó a la muerte de otro adolescente. En tanto que en Ohio, algunos miembros de un equipo de fútbol americano fueron acusados de filmar a una chica mientras era atacada sexualmente para después distribuir el video en internet.

Como puedes ver, ser una víctima o un acosador es un tema muy serio. Sin la prevención y educación apropiadas, el ciberacoso continuará empeorando.

Los principales delincuentes han sido adolescentes, aunque también los padres pueden verse involucrados tal y como verás en el ejemplo a continuación. El hecho de que el acoso y el acoso cibernético sean problemas tan grandes y reconocidos significa que todos deben tener una postura al respecto. El acoso ha sido una preocupación constante en las escuelas, pero las redes sociales le han dado nuevos medios. Palos y piedras se tornaron en Facebook y teléfonos celulares.

Las víctimas de acoso cibernético descubren que cada vez es más y más difícil escapar de la crueldad de sus compañeros, porque los comentarios hirientes y maliciosos pueden seguirlos desde el salón de clases a las redes sociales y hasta sus hogares. El internet siempre está encendido y, a veces, esto quiere decir que de verdad no hay salida. Es importante entender que este delito tiene consecuencias serias y debes saber qué hacer si te conviertes en víctima.

BULLY

El documental del año 2012, *BULLY*, hace referencia a la creciente epidemia de niños que son acosados por ser diferentes. En el documental se da seguimiento a un grupo diverso de cinco chicos, incluyendo a un estudiante que es abiertamente homosexual y otro que luce de acuerdo al estereotipo de "nerd".

La película, al principio recibió la clasificación R (menores de 17 años pueden verla bajo la supervisión de sus padres, según la clasificación de los Estados Unidos), lo que fue un problema para los creadores del documental. Su objetivo era mostrar lo serio que es el problema, pero de ese modo sólo chicos mayores de diecisiete años podrían verlo sin supervisión de sus padres (y el hecho es que los adolescentes prefieren ir al cine sin dicha supervisión).

Por fortuna, el documental tuvo mucho apoyo y The Motion Picture Association of America (MPAA), responsable por el sistema de clasificación, recibió más de cuatrocientas cincuenta mil firmas en una petición en línea. Como resultado, el documental cambió a "Sin clasificación", permitiendo así que el público de todas las edades pudiera verlo.

Pero el cambio a "Sin clasificación" generó también controversia. Porque esto puede implicar que la película es tan explícita que no cumple con los lineamientos de la MPAA (aunque este no es el caso).

Dicha falta de clasificación permite a los dueños de las salas de cine decidir si piden identificación o permiten que la vea todo el público. Debido al éxito del documental se creó The BULLY Project, con la esperanza de educar a las familias acerca del tema, además de permitir que más personas vieran el documental. Esta amigable franquicia ahora ofrece el documental y un libro, además el sitio cuenta con recursos para educadores, padres y niños, y es un lugar para buscar ayuda. El objetivo de The BULLY Project es llevar el documental a un millón de niños en todo Estados Unidos.

UNA LISTA DE LOS SOSPECHOSOS COMUNES

El acoso cibernético no es siempre tan directo, no siempre son mensajes de odio en una página de Facebook. Puede ocurrir en cualquier sitio y en una gran variedad de formas. Estar consciente de los peligros es un paso importante para aprender a evitarlos. A continuación aparecen algunos de los puntos más comunes hasta el momento.

En Instagram

La sección de comentarios de muchas aplicaciones puede ser campo fértil para el acoso. Si tu perfil de Instagram es público, por dar un ejemplo, cualquiera puede comentar acerca de tus fotografías. Hay innumerables historias de adolescentes que fueron acosados con comentarios crueles después de publicar selfies aparentemente inocentes.

Y no se trata tan sólo de los desconocidos. En muchos casos los acosadores son personas que el adolescente conoce, y este se siente impotente para detener el acoso, o hacer frente al acosador, porque los ataques ocurren en línea y las represalias podrían empeorar la situación.

La vergüenza corporal

Se trata de otra forma desenfrenada de intimidación en línea. Un artículo de agosto de 2013 de la revista *Seventeen* arrojó un poco de luz sobre la pro-anorexia, o "proana", movimiento que ha echado raíces en sitios como Tumblr y aplicaciones como Instagram. Donde las adolescentes publican fotos de ellas mismas, o de otros cuerpos muy delgados, para animarse unas a otras a perder peso, con frecuencia en cantidades poco saludables. Con *memes* como "pies juntos, muslos separados" perpetúan un tipo de cuerpo ideal que a menudo es imposible de lograr, además de peligroso. Hashtags como #thinspiration, #thinspo #thighgap y #proana se usan para etiquetar estas publicaciones, debes estar alerta y evitar publicaciones etiquetadas con estas palabras.

Ataques anónimos

Otra táctica común que usan los acosadores es crear un perfil falso, una vez hecho, pueden llenarlo con fotografías y comentarios hirientes. Los ciberacosadores con frecuencia también son capaces de evadir los controles de seguridad con tal de comentar las fotografías o estatus de otras personas (usando ese perfil falso). Aún más perturbadora es la posibilidad de que el acosador haga mal uso de la función "en memoria" de Facebook, la cual desactiva ciertas partes de la cuenta una vez que la persona fallece, y deja la página como un espacio para que amigos y familiares comenten y compartan recuerdos y fotografías. Un acosador puede piratear tu perfil usando tu cuenta de correo electrónico y una liga que lleve a una prueba falsa de muerte, como un obituario, y cerrar tu cuenta de manera permanente.

Si observas cualquier comportamiento parecido a lo descrito arriba, reporta al usuario de inmediato y permite que la red social se haga cargo de cancelar su cuenta.

 UN EJEMPLO DE LA VIDA REAL: MEGAN MEIER

La historia de Megan Meier es importante no sólo por su naturaleza trágica o la severidad del acoso virtual, sino también por su relevancia legal. El juicio de Lori Drew, por acosar a Megan en MySpace, fue el primer caso de acoso cibernético que se llevó al tribunal.

Poco después de registrarse en MySpace, Megan Meier, de trece años, conectó con Josh, un chico de dieciséis años. Josh decía no tener teléfono en casa, así que su relación creció a través de incontables conversaciones e intercambios en la que fuera una muy popular red social.

En octubre de 2006, Josh empezó a insultar a Megan en lugar de halagarla. Los dos llegaron al límite cuando en el último insulto de Josh se leía: "El mundo sería un mejor lugar sin ti". Megan se sintió muy afectada por el comentario y decidió terminar con su propia vida.

Pero resultó que Josh era una persona ficticia que Lori Drew, de cuarenta y siete años, inventó para atormentar a Megan. La hija de Lori solía ser la mejor amiga de Megan, pero (como sucede con viejos conocidos) se distanciaron. De acuerdo con los informes, Lori creó a Josh para "ganarse la confianza de Megan y saber qué pensaba respecto de su hija". Lori Drew acosó a Megan a través de "Josh" en una página de MySpace. Lo que empezó como un complot para que Lori entrara en la cabeza de Megan, se convirtió pronto en tragedia. Al final Lori no fue acusada por ningún delito grave.

Este caso con su terrible final ilustra la necesidad de crear leyes federales que protejan en contra del acoso cibernético, lo que por fortuna muchos gobiernos ya han hecho. Es importante entender estas leyes, para ambos, víctima y perpetrador.

En el estado de California, el gobernador Jerry Brown aprobó una ley que permite a las escuelas suspender a los alumnos como castigo por intimidación en redes sociales. Nueva York busca actualizar sus leyes para categorizar el acoso cibernético como acoso de tercer grado (un delito menor), y el suicidio causado por acoso virtual como homicidio en segundo grado (un delito grave).

Como viste en los ejemplos anteriores, el suicidio adolescente, como resultado del acoso, se ha vuelto más y más frecuente. De acuerdo a un estudio realizado por Centers for Disease Control and Prevention (Centros para el Control y Prevención de las Enfermedades, CDC por sus siglas en inglés), el suicidio adolescente aumentó de un 6.3 por ciento a un 7.8 por ciento de 2009 a 2011. El vínculo entre suicidio, acoso y medios de comunicación es difícil de ignorar, pero hay algo que tú puedes hacer al respecto.

QUÉ NECESITAS HACER

Toma una postura

Facebook está de tu lado

Aun cuando Facebook reemplazó a MySpace como la red social más grande del mundo (con aproximadamente 1.4 billones de usuarios a marzo de 2015) la historia sigue siendo la misma. Existen incontables casos de acoso virtual en Facebook, pero la buena noticia es que la red social está tratando de ayudar.

En este esfuerzo por hacer el sitio un poco más amigable, Facebook ha creado la sección de Reporte de abuso o violación de políticas en la sección Reportar un problema. En esta sección se cubre desde un reporte de abuso (incluyendo perfiles falsos, publicaciones, fotos, mensajes inapropiados y más) hasta un aumento en los controles de privacidad, que permitan al usuario bloquear al acosador. Se cuenta incluso con un centro de ayuda, Bullying Facebook Help Center, el cual ofrece consejos para adolescentes y padres de familia.

Identifica el comportamiento del acosador

En ocasiones es obvio cuando alguien es acosado, pero las señales no siempre son tan claras. The National Crime Prevention Council (El Consejo Nacional para la Prevención del Crimen) detectó ciertos patrones que caracterizan el comportamiento de un acosador virtual, la lista aparece a continuación.

Un acosador virtual suele:

1. Pretender ser alguien más para poder intimidar a otros.

2. Esparcir rumores y mentiras acerca de las víctimas.

3. Engañar o intimidar para obtener información personal.

4. Enviar o reenviar textos maliciosos.

5. Publicar fotografías de las víctimas sin su consentimiento.

Tal vez lo tomes como una broma, o incluso racionalices que por lo menos te intimidan en línea en lugar de en persona, pero si alguien que conoces muestra las señales arriba mencionadas, entonces, "Houston, tenemos un problema".

No lo tomes a broma

En el programa de televisión *Gossip Girl* siguen a una bloguera que publica comentarios odiosos acerca de un grupo de adultos jóvenes de la alta sociedad del Upper East Side (un barrio de mucho prestigio en Manhattan, Nueva York). Su eslogan, "Sabes que me amas", es verdadero, al menos en parte. Existe cierta presión para reír de las bromas del acosador y hacer como si la intimidación fuera parte de la vida.

Lo terrible es que el 81 por ciento de los adolescentes creen que los acosadores intimidan a otros porque les parece divertido. También piensan que los acosadores no consideran estar causando grandes problemas, que hay quienes los alientan, a menudo bajo la impresión de que todo mundo hace lo mismo, y que sus acciones están libres de consecuencias.

Quizá pueda parecer divertido al principio, pero hay una línea muy fina entre que te hagan una broma y el acoso. Cada día más casos llegan a juicio, por ello es más importante que te mantengas a salvo, no sólo del acoso, sino también de la amenaza de ser acusado de un delito grave.

Actúa

Puedes hacer algo más que sólo bloquear los mensajes de odio de un acosador. Cada adolescente puede marcar la diferencia si realiza cualquiera de las siguientes acciones:

1. Tomar la iniciativa y hablar con otros estudiantes o maestros acerca de crear reglas y castigos cuando un compañero es acosado en línea.

2. Hacer trabajo voluntario a través de organizaciones como CyberMentors, que ofrece consultoría en línea.

3. Organizar un evento, o asamblea, que eduque a tu escuela y a la comunidad acerca del tema.

4. Ser proactivo. Si te enteras de que alguien de tu escuela está siendo acosado, habla, ponte del lado de la víctima e informa a un adulto.

Nota para los padres

Si crees que tu hijo sufre acoso, busca ayuda e información. Existen sitios tales como Stopbulling.gov, que ofrecen buenos recursos en línea. En dichos sitios se sugieren las acciones que debes considerar si tu hijo es una víctima:

1. Habla con tu hijo. Abre las líneas de comunicación y hazlo sentir cómodo.

2. Sé empático. Asegúrale que no es culpa suya y hazle saber que estás de su lado.

3. Documenta el acoso. Ayuda a tu hijo a llevar un registro de todas las pruebas y documentos escritos.

4. Sé persistente. No te rindas. Tal vez se requiera de varias conversaciones con el personal de la escuela y con las autoridades para detener el acoso, pero la paciencia rinde frutos.

5. Trabaja en conjunto con la escuela. Infórmate respecto a las políticas y conoce a los orientadores, alerta a los maestros acerca de lo que sucede.

6. Haz un compromiso para asegurarte que la intimidación cese. Comunícate con tu hijo y con la escuela para confirmar que el acoso se ha detenido. En caso contrario, alerta a las autoridades locales, y continúa involucrándote.

QUIÉN LO ESTÁ HACIENDO BIEN

La historia a continuación es sobre un adolescente quien decidió inundar Twitter con amabilidad en lugar de con mensajes de odio; considerando que esto ayudaría a desalentar el acoso cibernético. Ocurrió en la ciudad de Osseo, en Minnesota, cuando Kevin Curwick, de diecisiete años, decidió enviar tuits amables a sus amigos y compañeros de escuela para restaurar el equilibrio en el universo digital, por decirlo de alguna manera.

Kevin consideró que era hora de que alguien enviara halagos y no mensajes de odio, así que creó una cuenta anónima " @OsseoNiceThings". Al igual que ocurre con muchas ideas positivas, la tendencia tuvo éxito y pronto se propagó en Iowa, Connecticut e incluso hasta Australia e Inglaterra.

La cuenta @OsseoNiceThings es ahora un movimiento, con páginas "Nice" (amables) que surgen continuamente en Twitter. Celebridades como Ryan Seacrest, quien entrevistó a Kevin, y la supermodelo de trajes de baño Brooklyn Decker, expresaron su apoyo a la causa de Kevin en contra del acoso virtual. "Déjenme contarles que Brooklyn Decker es seguidora de @OsseoNiceThings" declaró con incredulidad Kevin.

La idea de crear una experiencia positiva dentro de tu comunidad virtual puede parecer candorosa, pero establecer una cuenta así en Twitter puede ayudar a aliviar la tensión en un mundo por demás desalentador.

EN CONCLUSIÓN

Avísale a alguien. Informa a tus padres y/o a la autoridad local que alguien te acosa en línea. Por fortuna ya existen leyes en vigor que pueden detener la intimidación y brindarte seguridad.

Tómalo en serio. El acoso virtual sucede con más frecuencia de lo que pensamos. En el momento en que lo tomes en serio, serás de más ayuda para otros, incluidos tus amigos y tú mismo.

Sé proactivo. No debes nunca lidiar solo con este problema. Asegúrate de decirle a alguien en quien confíes y actúa de inmediato, con algo de suerte podrás evitar que ocurra algo serio. Si bien el acoso cibernético es una tendencia en ascenso, con las medidas adecuadas, la participación de las escuelas y leyes más agresivas, podemos labrar un futuro en el cual los posibles infractores sean disuadidos y lograr un entorno seguro para las víctimas.

CUANDO ERES FRÍVOLO CON TUS FINANZAS

CLIC #6

> ### ✒️ El clic mortal: gastar demasiado dinero en línea y no hacerlo de manera segura
>
> Aunque comprar en línea resulta rápido y conveniente, a menos que tengas cuidado puede convertirse en una espiral sin control. Tener cualquier cosa que desees al alcance de un clic demanda madurez y disciplina, para evitar que te llegue el agua al cuello.

QUÉ NECESITAS SABER

Antes de comprender por completo nuestra responsabilidad financiera, debemos identificar el origen de nuestra adicción a las compras. La siguiente historia acerca de los catálogos en línea y las compras resulta muy ilustradora. Aunque tengo la edad suficiente para haber observado a mi abuela comprando de catálogos impresos, me sigue fascinando la idea de que en su momento se les considerara algo revolucionario.

Lo creas o no, hubo una época cuando todo mundo podía comprar por catálogo. Desde luego eso fue hace mucho tiempo. En 1888, Richard Sears usó el catálogo Sears para anunciar relojes y joyería. Dicho catálogo evolucionó hasta incluir máquinas de coser, artículos deportivos, instrumentos musicales, sillas de montar, armas de fuego y mucho más. Se ofrecían productos esenciales de la vida diaria (y algunas otras opciones muy frívolas) para el hombre o la mujer promedio de 1894. Sears dejó de imprimir el catálogo en 1993, en buena medida porque la forma de comprar había pasado de ser una necesidad de adquirir zapatos o armas de fuego por catálogo, a desear vivir el servicio y la experiencia de una tienda departamental de lujo.

Tiempo después, en 1994, tuvo lugar la primera compra en línea de la que se tiene conocimiento, y así nació el nuevo futuro. (La primera compra fue bastante inocua: una pizza de pepperoni con champiñones y queso extra.) Ya en 1995, Amazon.com, el gigante de compras por internet abrió sus puertas para comercializar libros. En aquel momento parecía una idea extraña, la mayoría de la gente creía que comprar en línea sería una moda pasajera. Hoy en día Amazon.com es una súper tienda en línea que ofrece libros, ropa, artículos deportivos, relojes, de todo. Conforme más y más tiendas digitales hacen su aparición, comprar en línea se ha convertido en algo habitual. Hoy en día no lo pensamos dos veces antes de recurrir a nuestro iPad para adquirir cualquier artículo que necesitemos: ropa, maquillaje, artículos deportivos, incluso comestibles.

Hasta contamos con días dedicados a las compras en línea. Por ejemplo, desde Estados Unidos se ha popularizado el Cyber Monday; es decir, el lunes que sigue al día sagrado de compras en aquel país, el Black Friday. Si bien en esta última fecha coinciden demasiadas personas en los centros comerciales en busca del precio más bajo posible. El Cyber Monday (que ahora dura casi una semana entera) ofrece a sus leales compradores la opción de hacerlo desde la comodidad de sus hogares, en pijama y con una taza de té caliente en mano.

Comprar en línea es algo que hoy damos por hecho. Si de casualidad vives atrapado en el viejo Oeste y deseas comprar un carruaje, es probable que encuentres en internet algún sitio especializado en artículos de esa época, tal vez hasta en Amazon. Sin embargo, así como ocurre con el *sexting*, comportarse de manera indulgente con nuestros impulsos espontáneos es muy fácil, y esto ocasiona que comprar en línea sea, en potencia, peligroso.

Los principales infractores: todos nosotros. ¡Rayos!, anoche cuando descubrí que ya no tenía lápiz labial y crema humectante, en lugar de conducir 25 minutos hasta el centro comercial, bastaron unos cuantos clics para que los productos estuvieran en camino. Pero existe una diferencia entre conveniencia e indulgencia, y a veces es difícil darse cuenta. En especial porque estos hábitos se vuelven parte de nuestra vida diaria.

Lo que este capítulo te ayudará a entender es que cada vez que compras en línea, hay un movimiento en el saldo de tu cuenta bancaria, o peor, en tu historial crediticio. Necesitas estar al pendiente de tus compras, del mismo modo que debes estar pendiente de la privacidad de tus redes sociales. ¡Es importante estar alerta!

 ## UN EJEMPLO DE LA VIDA REAL: LINDSAY LOHAN

Existen innumerables historias de adolescentes o celebridades (o celebridades adolescentes) que se meten en serios problemas debido al mal uso de su tarjeta de crédito.

Pero nuestro objetivo es desarrollar en ti un sentido elemental acerca de que comprar en línea puede (y ocurre de manera real) impactar tu vida.

Si bien no pretendo regodearme en las desastrosas historias de la cultura pop, vale la pena tomar unos instantes para considerar el caso de Lindsay Lohan.

La ex estrella infantil ha caído en graves problemas financieros. En 2010, Lindsay Lohan, de acuerdo con los informes, debía más de 23,000 dólares de alquiler y cerca de 600,000 en tarjetas de crédito. Y en 2012, supuestamente, debía 234,000 dólares tan sólo en impuestos.

Al parecer la chica gastaba de manera descontrolada. Una fuente cercana comentó: "Vive a lo grande, se queda en los mejores hoteles y viaja en primera clase. Todo lo que gana, lo gasta, y cuando debe pagar impuestos, ya no le queda nada".

Pero ella no está sola en este movedizo terreno. El actor Nicolas Cage cayó en bancarrota después de gastar $33 millones de dólares en autos, yates y casas en diversas partes del mundo. El más joven de los hermanos Baldwin, Stephen, fue arrestado en diciembre de 2012 por no pagar impuestos en el periodo de 2008 a 2010. Otro actor, Burt Reynolds, quizá incurrió en un exceso de gastos por su estilo de vida en su extravagante hogar, y los prestamistas acabaron por embargarlo. La diva del R&B de los años noventa, Toni Braxton, tenía deudas hasta por $50 millones de dólares tan sólo en gastos excesivos en Tiffany's y en los hoteles Four Seasons.

Quizá los predicamentos de nuestra amiga Lindsay parezcan absurdos para otras personas, dadas nuestras circunstancias (afrontémoslo, la mayoría de nosotros no ganamos millones como estrellas infantiles), pero más vale que lo pienses dos veces. Cada día más y más adolescentes acumulan deudas gracias a las ambiciosas compañías de tarjetas de crédito, las cuales ofrecen tarjetas a adolescentes cada vez más jóvenes. La clave radica en ser responsable con tus finanzas y mantener los gastos bajo control.

Males financieros

- El estudiante universitario promedio en Estados Unidos carga con una deuda de cerca de tres mil dólares; mientras que cuando se gradúe lo hará con una deuda de más de cuatro mil dólares en tarjetas de crédito.

- Sólo el 45 por ciento de los adolescentes admiten entender cómo funciona una tarjeta de crédito.

- Cerca del 7 por ciento de los estudiantes deja la universidad a causa de la deuda que adquirieron como préstamos estudiantiles.

- No sorprende que el 84 por ciento de los estudiantes universitarios admita que necesitan más educación financiera.

QUÉ NECESITAS HACER

Revisa tus finanzas, ¡no naufragues!

E-todo

En esta época donde cualquier cosa es instantánea, casi cada tienda que quieras queda a tan sólo un clic de distancia. El comercio en línea se encuentra en todas partes. Las tiendas digitales como iTunes, Google Play y otras, aunque convenientes, despojan del esfuerzo y la conciencia de estar comprando, y es fácil perder la noción de lo que gastamos.

Amazon.com, por ejemplo, creó la compra "en un clic", lo que significa que desde tu Kindle, iPad, u otro dispositivo, todo lo que necesitas hacer es dar clic y el libro, la película, la música, se descargará de manera automática en tu dispositivo. Lo anterior brinda una gratificación instantánea; pero la euforia pasa en cuanto las cuentas comienzan a llegar.

La sencillez del acceso para comprar en línea hace que sea más fácil caer en un hoyo negro hacía una deuda imposible de eludir. La clave para ganar la guerra contra la disminución del poder adquisitivo es estar siempre consciente de lo que compras, entender cómo funcionan las tarjetas y ¡siempre, siempre, siempre presupuestar!

Edúcate

El poder del débito

La tarjeta de débito es mi amiga. Repite conmigo: "La tarjeta de débito es mi amiga". La bondad de la tarjeta de débito es que elimina la necesitad de traer efectivo en la cartera y de (me atrevo a decir) hacer el balance de tu chequera. Con ayuda de tus padres, puedes abrir una cuenta bancaria para estudiante. Uno de tus padres estará ligado a esa cuenta, lo que significa que puede depositar dinero en caso de emergencia y vigilar también que nada raro suceda. Los bancos hacen un trabajo espléndido en desarrollar cuentas para adolescentes, muchos bancos tienen cuentas de cheques ligadas a una cuenta de ahorro, mensajes de texto o alertas en línea, banca en línea y retiros gratuitos en cajeros automáticos de su red.

Si bien la tarjeta de débito es tu amiga, se puede convertir con rapidez en tu enemiga. Debes estar al tanto de lo que gastas, de dónde lo gastas y de cuánto dinero queda en tus cuentas. En caso de que no estés familiarizado con esta mágica pieza de plástico, cuando la usas se deduce de inmediato el dinero de tu cuenta bancaria. Por lo general la tarjeta deja de funcionar cuando se termina el dinero de tu cuenta y entonces es declinada por los comercios (lo sé, es vergonzoso, pero también es mejor que acumular penalizaciones por sobregirar la cuenta). Debes revisar tu saldo dos veces por semana para que sepas qué tan profundos están (o no) tus bolsillos antes de que te paguen o depositen de nuevo.

Con precaución, es posible enlazar tus cuentas de compras en línea (Amazon, iTunes y otras) a tu tarjeta de débito, pero esto solamente te conviene si eres lo suficientemente responsable como para respetar el presupuesto. De este modo puedes, con facilidad, revisar la cantidad disponible en tu cuenta antes de hacer cualquier compra. Recuerda que no todas las compras funcionan del mismo modo. Algunas compañías tardan más en reportar al banco, así que registra tus gastos recientes en tu teléfono o en alguna libreta (o échale un ojo a alguna app de finanzas) y asegúrate de auditar tu cuenta bancaria antes de realizar una compra importante. Considera esto como el balance de cuenta de cheques de la nueva generación.

Graduados en crédito

¿Ya dominas la tarjeta de débito? Una vez que has aprendido los pros y los contras del débito, es momento de seguir con la tarjeta de crédito. La mayoría de las cuentas bancarias para estudiantes brindan la opción de abrir una tarjeta de crédito de estudiante. Insisto, de esta manera las cuentas de tus padres quedan ligadas a la tuya para que puedan monitorear la actividad o hacer los pagos necesarios, pero esto no quiere decir que puedas comprar sin parar.

Sin embargo, el crédito es un sistema que realmente te puede meter en problemas. Cuando salgas de la universidad, empezarás a recibir ofrecimientos de tarjetas de crédito. Algunas llegarán a tu casa para que tus padres puedan revisarlas, pero otras podrían llegar a ti de otras maneras. Si bien ir de compras con tu dinero imaginario puede parecer una idea fabulosa (esto significa, línea de crédito), te advierto que después de algunas pocas compras en el 7-Eleven (o algo similar), tu deuda de 200 pesos puede acabar convertida en una de 2,000 si no pagas a tiempo.

Es recomendable que tengas un límite de crédito bajo, digamos el equivalente a doscientos dólares como máximo. Además, es responsabilidad de tus padres poner un límite y decidir en qué puedes usarla. Libros y gasolina son un buen ejemplo para empezar. Desde luego, si surge una emergencia, la tarjeta puede resultar útil, pero la clave para hacer que esta relación simbiótica (entre el titular de la tarjeta y el padre del titular) funcione, es la comunicación. Es preciso tocar base con tus padres (ellos deben hacer lo mismo contigo) para que no resulte ninguna sorpresa cuando llegue el estado de cuenta.

QUIÉN LO ESTÁ HACIENDO BIEN

Mis padres. No estoy segura en qué momento estuve preparada para admitir que mis padres tenían razón acerca de… todo. Ahora me doy cuenta de que fueron muy inteligentes en establecer un toque de queda a las 10 pm y en obligarme a que la computadora estuviera en la sala de la casa.

Otro consejo que me dieron (y en el que también acertaron) fue cómo ser responsable con mi dinero. Si bien en aquellos días las compras en línea no eran tan comunes como ahora, mis padres fueron lo suficientemente listos como para alentarme a vigilar mis finanzas.

Gracias a su ayuda obtuve mi primera tarjeta de crédito, con un límite de apenas 500 dólares. Debía utilizarla para libros, comida y gasolina; y créeme, si la usaba en cualquier otra cosa, me llamaban. También ellos me ayudaron a mantener mis cuentas de crédito y débito debidamente bajo control.

Para cuando me gradué de la universidad y tuve mi primer empleo "real", ya tenía un crédito aprobado para comprar mi primer auto. Al final descubrí que mamá y papá tenían razón.

Es refrescante enterarse de que algunas celebridades han optado por un estilo de gastos inteligentes, en lugar de comprar una segunda casa. Carrie Underwood y Kristen Bell utilizan los cupones de las tiendas para sus compras semanales de comestibles. El rey de la noche, Jay Leno, no gasta el dinero que gana en su programa *The Tonight Show*, sino que lo ahorra. Los hijos de Sarah Jessica Parker compran ropa usada. Y Ashley Greene compartió en una entrevista con la revista *Marie Claire* que sigue los consejos de su papá sobre finanzas: "Tengo suerte porque mi papá me enseñó a ser frugal y a ahorrar… y es importante porque quiero saber que si no tomo un trabajo como actriz en dos o tres años, porque no lo desee, podré seguir pagando los gastos de casa, del auto y la comida para mis perros".

EN CONCLUSIÓN

Edúcate. Una tarjeta de crédito no es dinero en efectivo. Cuando haces un cargo estás esencialmente tomando prestado de tu saldo aprobado y tendrás que pagarlo.

Organiza reuniones familiares para hablar acerca de dinero. Agenda reuniones breves y al grano. Pero mientras más discutas sobre cómo ahorrar dinero, cómo utilizar las tarjetas de crédito y cómo manejar el dinero en general, mejor. Tus padres u otro adulto que sepa del tema pueden ser tus mejores fuentes de información respecto de la administración del dinero. Estas personas ya pasaron por eso, ya lo experimentaron y, por lo tanto, pueden ofrecer consejos útiles.

Ten un presupuesto en línea. Quizá decidas gastar tu dinero extra en la tienda de iTunes o prefieras comprar un nuevo iPad, pero siempre debes llevar un registro de tus gastos en línea y tomar decisiones inteligentes que te mantengan dentro del presupuesto. Con el tiempo, comprar en línea se volverá más cómodo, más habitual y más sencillo, por ello es importante ser honesto contigo mismo y practicar el autocontrol.

CUANDO ERES ADICTO A LA TECNOLOGÍA

CLIC

#7

El clic mortal: ser adicto a tu celular, y a toda la tecnología

Ha habido un giro en nuestra relación con la tecnología. Hasta hace poco tiempo la tecnología servía para complementar nuestras vidas. Antes nos conectábamos para revisar el correo electrónico, chatear con algún amigo y luego nos desenchufábamos y seguíamos con nuestras vidas cotidianas. Si un adolescente tenía un teléfono celular, era usualmente sólo para emergencias y un localizador (o bíper) era la forma más rápida de ponerte en contacto con alguien sin levantar un teléfono. Hoy en día revisamos nuestros dispositivos electrónicos de manera constante, y resulta difícil desconectarse y aún ser capaz de funcionar sin estos estímulos. La adicción a la red es un tema serio que empeora conforme aparecen nuevas redes sociales y dispositivos.

QUÉ NECESITAS SABER

¿Te produce ansiedad cuando no puedes ver Facebook todos los días? Ese sentimiento de que te estás perdiendo de alguna actualización fantástica que va a cambiar tu vida para siempre y el futuro de tus amistades te atormenta hasta que puedes entrar y echar un vistazo. Quizá te parezca melodramático, pero es muy común.

Los principales infractores: los adolescentes son la preocupación número uno, pero creo honestamente que todos estamos en problemas. ¿Cuántas veces has visto tu Facebook hoy? ¿Qué tal Twitter? ¿Lo revisaste en la escuela, en la cafetería, en el cine y luego de nuevo cuando volvías a casa? ¿Cuándo fue la última vez que estuviste "fuera de línea", por llamarlo de algún modo? ¿Cuándo fue la última vez que estuviste sin conexión al celular, al internet o (¡suspiro!) a las redes sociales?

Recuerdo cuando visité París hace algunos años. No utilicé mi celular por temor a que la cuenta llegara hasta las nubes, así que lo apagué. Estaba convencida de que París, una ciudad moderna, tendría Wi-Fi en los cafés locales, o en "Le Starbucks" igual que en Estados Unidos, pero estaba equivocada.

No había Wi-Fi, nada, no existía. Podía usar mi teléfono para tomar fotografías, pero no podía compartirlas en línea. Por primera vez en mucho tiempo, no tuve comunicación digital con mi familia y amigos.

 Hacia el final de mi viaje me di por vencida y, de hecho, pagué una cantidad ridícula de dinero para tener Wi-Fi en mi habitación. Una vez que me conecté me sentí mejor, más calmada. Pero resultó que no me había perdido de nada. Estados Unidos seguía ahí, la gente seguía posteando comentarios que no eran del todo relevantes y, en lugar de explorar algún sitio de interés en París, desperdicié una hora viendo mi teléfono en mi pequeña habitación de hotel.

Desde entonces, he aprendido a tomar descansos regulares de mi vida en línea; a desconectarme, a olvidar el celular y a estar en paz con ello. ¿Por qué hacerlo? Mis oídos descasan de las alertas, notificaciones y timbrazos y mi mente descansan de estar en conexión constante. Un estudio realizado por la British Psychological Society reveló que "el estrés se asociaba más con el uso de teléfonos inteligentes, y menos con el trabajo. Se encontró una relación en particular entre el estrés y el número de veces que se revisa el celular. En el caso de las personas más estresadas, que llegan incluso a experimentar vibraciones 'fantasma' cuando en realidad no hay llamadas ni alertas".

No me malinterpretes, el proceso no fue fácil. Fue preciso trabajar y entrenar mi mente para estar a gusto con la idea. Con un poco de esfuerzo tú también lograrás desconectarte.

La ansiedad que sentí en París no es poco común, en especial entre adolescentes. Un estudio realizado por la Chinese Academy of Sciences encontró recientemente que las personas adictas al internet padecen cambios cerebrales similares a quienes son adictos a drogas o alcohol. El estudio llevó a cabo pruebas con un grupo de hombres y mujeres que habían sido diagnosticados con desorden de adicción al internet. Y resultó que su cerebro tenía conexiones anormales entre las fibras nerviosas, un patrón similar al que los investigadores encuentran en personas adictas a sustancias.

Aunque la adicción al internet no ha sido aceptada como un trastorno mental por toda la comunidad médica. En la primavera de 2013 la American Psychological Association (Asociación Americana de Psicología) decidió incluirlo en su Manual de Diagnóstico y Estadísticas de los Desórdenes Mentales (DSM-5). Queda claro que la administración de la atención y del tiempo es un problema para muchos adolescentes que tienen relación con la tecnología. Sea un diagnóstico clínico de adicción, sea la mera incapacidad para lidiar con el estrés de no estar conectado a las redes sociales, la tecnología puede pasar en poco tiempo de una forma sencilla para conectarse con los amigos y obtener información, hasta una obsesión.

⚠ UN EJEMPLO DE LA VIDA REAL: ALDAYNE FEARON Y FRANCIS MUTEMWA

A las 3:30 de la mañana, los adolescentes Aldayne Fearon y Francis Mutemwa escalaron el muro de su hotel en Atlanta, Georgia, para irrumpir en el salón de noticias de la cadena televisora CNN. Cuando la policía por fin llegó, ¿en dónde los encontró? ¿Desordenando o robando equipo costoso? No, estaban sentados frente a unas computadoras viendo Facebook.

Nadie sabe con certeza si fue la dependencia a Facebook lo que los llevó a entrar por la fuerza a CNN, pero lo que sí es cierto es que existe un riesgo de adicción al internet por estar constantemente conectados a celulares, tabletas y computadoras.

Otro ejemplo de qué tan dañina puede ser esta adicción tiene como protagonista a una niña de cuatro años que está prendada de su iPad. La niña ha sido adicta por más de un año, un patrón que los doctores empiezan a ver en niños que han sido sobreexpuestos a estos dispositivos desde muy temprana edad.

"La madre de la niña llamó [al doctor] y le describió sus síntomas." Dijo al médico que su hija "desarrolló una obsesión por el aparato y lo pide constantemente. Lo usaba 3 o 4 horas al día y se mostraba cada vez más inquieta si se lo quitaban".

Como puedes ver, la frecuencia con la que niños pequeños desarrollan una adicción a sus dispositivos debe tomarse en serio. Lo ideal sería prevenir antes de que se convierta en un problema que requiera ayuda profesional.

QUÉ NECESITAS HACER

Prepara tu propia intervención

Mike Teavee

El personaje de Mike TV de la película *Charlie y la fábrica de chocolate*, representa las adicciones adolescentes a la tecnología y a la violencia. Su vida giraba alrededor a su amor por la televisión, ni siquiera pudo dejar de verla mientras lo entrevistaban por haber obtenido uno de los boletos dorados de Willy Wonka. En la actualidad, el término sobrecarga sensorial no describe ni de cerca el número de cosas a las que un adolescente puede estar conectado.

La Universidad de Stanford realizó una encuesta en la que el 10 por ciento de los estudiantes se situaba dentro de la categoría de muy adictos a la tecnología; el 34 por ciento admitió ser moderadamente adicto; y apenas el 6 por ciento declaró no ser adicto en absoluto. El ochenta y cinco por ciento de los estudiantes dijeron que utilizaban el celular como reloj, mientras que el 89 por ciento dijo que lo usaba como despertador. El sesenta y cinco por ciento admitió haberse quedado dormido con el celular en la mano y el 69 por ciento considera más probable extraviar la cartera que el teléfono.

Un pequeño porcentaje de estudiantes incluso admitió que personalizaba su iPhone, el 9 por ciento consideraba su iPhone como una mascota, el 3 por ciento le había puesto nombre y el 8 por ciento creía que su iPod estaba celoso del iPhone. No hay duda de que el problema existe.

Ten conciencia de lo que te rodea

Abril, una adolescente de Peoria, Arizona, explica cómo las redes sociales afectan la atención en el salón: "Cada vez que voy a mi clase de psicología, que es un seminario de 200 personas, me siento en la misma fila en la parte de atrás del salón. En un determinado momento, durante la clase, cerca de la mitad de las computadoras frente a mí están abiertas en Facebook. Por lo general, hay también algunas otras redes sociales y apenas algunas personas toman notas en su laptop". En su comentario destaca que a ella le puede tomar hasta una hora empezar a trabajar en su tarea porque tiene que entrar a Facebook una última vez. Incluso revisar su tarea la lleva de nuevo a las redes sociales.

 Abril lo describe como una adicción, y la elección de sus palabras es muy acertada. Todos hemos sentido esa emoción cuando alguien hace algún comentario en la foto de tus vacaciones o le da "like" a una publicación en la que crees que fuiste muy ingenioso. Todos hemos experimentado también la baja de ánimo cuando no podemos conectarnos por un periodo largo de tiempo, lo cual puede ser suficiente para volver loco a cualquier usuario.

Los teléfonos celulares son peligrosos para tu salud

Y no me refiero a tumores cerebrales o a enviar mensajes mientras manejas (lo cual, dicho sea de paso, ¡nunca debes hacer!). La mayoría de los adolescentes seguramente arriesgaría su vida por sus seres queridos o quizá hasta por su mascota. Pero, te has preguntado, ¿qué estarías dispuesto a arriesgar para salvar tu celular?

Una chica de diecinueve años de Atlanta, Georgia, se quedó atorada en el tubo del depósito de basura de su edificio (de donde tuvieron que sacarla los bomberos) porque había arrojado su celular por accidente a la basura. Ambos, el celular y la chica, están bien. Y así como esta historia, existen muchos ejemplos de adolescentes que manifiestan el amor que sienten por sus pequeños amigos con pantalla.

Dos adolescentes de Utica, Nueva York, saltaron desde un puente porque una de ellas había dejado caer su celular al río. Los bomberos pudieron rescatar a las dos chicas.

Un chico en Hong Kong se lanzó justo cuando el tren se acercaba después de que por accidente su celular cayera a las vías del metro. Por suerte, pudo acomodar su cuerpo para que el tren pasara encima sin causarle demasiado daño, pero tuvo que ir en su auxilio una ambulancia. El celular dejó la escena sin daño alguno.

Ahora detengámonos un momento. Aunque estas historias parecen ridículas y peligrosas, el problema en realidad es nuestra aparente adicción a los teléfonos. Michelle Hackman, una chica de preparatoria que ganó el Intel Science Talent Search en 2011, realizó su propio experimento para demostrar qué tan adictivos pueden ser los dispositivos.

Seleccionó a un grupo de compañeros y los puso uno por uno en un salón. La mitad de ellos tenía celular y la otra mitad no. Les colocó aparatos para medir su nivel de ansiedad física y les pidió completar un cuestionario acerca de cómo se sentían para medir su ansiedad mental. Los resultados del estudio no deberían resultar sorprendentes para quienes tienen un teléfono móvil. Ella demostró que los chicos sin celular experimentaron una especie de síndrome de abstinencia y llegaron a sentirse muy ansiosos.

Una prueba adicional de lo real que puede ser esta adicción la experimentó un padre de familia de Seattle, Washington, cuando, como castigo, quitó el teléfono celular a su hija de quince años. A ella no le gustó la decisión de su padre, ¿y qué hizo? Le disparó una flecha en el torso.

La chica se sentía tan angustiada que estaba dispuesta a herir a su propio padre. Este manto electrónico de seguridad (así lo empiezan a denominar algunos investigadores) está causando reacciones severas por abstinencia.

Arregla el problema

¿Cómo terminar con este ciclo de locura digital? Los adultos y los adolescentes son culpables por igual, pero la clave para contrarrestar esta adicción es atacar el problema desde el principio. Después de años de abuso constante, hay un punto en el que necesitamos controlarnos.

Primero debes reconocer las señales. No es realista cancelar tus cuentas, apagar tu celular y volverte un ermitaño. Afrontémoslo, las redes sociales y los dispositivos electrónicos son divertidos; sin embargo, cuando esto se convierte en depresión u obsesión, es hora de alejarse del iPad. A continuación encontrarás la descripción de algunas señales que indican que ya estás muy clavado.

1. Estás tuiteando, haciendo check in, o usando otra red social en lugar de disfrutar del momento.

2. Te sientes ansioso cuando no tienes acceso al internet o a tu celular.

3. Aceptas que desconocidos se conviertan en tus amigos de Facebook porque tu meta en la vida es superar a Mr. Zuckerberg.

Conocer las señales y darse cuenta de que puedes tener un problema real es el primer paso. Si cualquiera de estas señales te resulta familiar, es momento de hacer algo al respecto. Puedes empezar designando una "hora de energía", por llamarla de algún modo. Cuando llegues a casa, de la escuela o del trabajo, toma un descanso de la computadora y el teléfono durante una hora. Esto te permitirá descomprimirte después de estar conectado todo el día. Esta pequeña acción también te ayudará a sentirte más cómodo cuando no tengas acceso a internet. ¡Quién sabe, tal vez lo disfrutes!

Además de tomar un descanso de las redes sociales, también puedes designar ciertas horas del día para revisar tus redes sociales. Antes de ir a la escuela o al trabajo, durante la hora de la comida y justo después de la cena. Es una buena manera de empezar. Quizá este ejercicio te parezca tonto en un principio, pero puede ayudar a que tu interacción con la redes sociales no sustituya tu vida social.

Redes antisociales

Hay tanta atención en las ramificaciones del ciberacoso y el *sexting*, que se ha hecho muy poca investigación acerca de cómo se afectan las relaciones de amistad entre adolescentes por pasar todo el día conectados. De acuerdo con psicólogos e investigadores, la mayor preocupación es averiguar si ese volumen de textos, mensajes instantáneos y horas de socialización en redes sociales, permite a los niños sentirse más conectados y apoyar a sus amigos o si por el contrario, daña sus relaciones en la vida real. La preocupación es que los adolescentes envían textos y mensajes a sus amigos en lugar de verlos en persona.

QUIÉN LO ESTÁ HACIENDO BIEN

Los australianos. Una organización sin fines de lucro con sede en Australia se dedica a crear conciencia acerca de nuestra dependencia y adicción a los teléfonos. Moodoff Day (26 de febrero), cuyo eslogan es "Desayunar antes de navegar", alienta a las personas a que, tan pronto despierten, apaguen sus teléfonos móviles por 5 horas.

La esperanza es que estas pocas horas, un día al año, te permitirán desconectarte de la tecnología y reconectar con tu familia. El MoodoffDay sugiere que tomes el café con amigos, salgas a caminar o simplemente te sientes a desayunar con tus seres queridos.

Pienso que deberíamos esforzarnos por apagar nuestros teléfonos más de una vez al año, sin embargo, es agradable ver organizaciones que reconocen que tenemos un problema. Con un poco de suerte cada quien puede cobrar conciencia de sus hábitos en relación con la tecnología, tomar en serio esta adicción y "desconectarla".

EN CONCLUSIÓN

Reconoce que tienes un problema. Existe una diferencia clara entre "querer" y "necesitar" conectarse. Si alguna vez te sientes ansioso o deprimido debido a las redes sociales o a la tecnología, pide ayuda. Hay tratamientos disponibles, tales como rehabilitación a la adicción al internet.

Decide tomarlo en serio. Si alguien te dice que cree que es adicto, no te burles. La adicción al internet es un problema real que merece nuestra atención y respeto. Conforme el mundo en línea evolucione, esta preocupación se volverá más frecuente y más personas necesitarán tratamiento.

Aléjate de la tecnología inteligente. Suena doloroso, pero poner límites a la frecuencia con que te conectas puede salvar tu salud mental, y tus ojos, del exceso de tiempo frente a la pantalla.

REFLEXIONES SOBRE LOS SIETE CLICS MORTALES

CONCLUSIÓN

¡Felicitaciones! Eres un maestro de la era digital en el arte de la seguridad. Yo, tu *sensei* en esta aventura educativa, te dejo con el siguiente resumen de consejos.

1. No compartas demasiada información.

2. Protege tus compras y tu información personal.

3. Si tienes edad suficiente, y tomas las precauciones, claro que puedes conocer a alguien en persona.

4. Nada bueno puede surgir del *sexting*.

5. Reporta el acoso cibernético.

6. Sé consciente de las compras que haces en línea.

7. A veces sólo hace falta apagar el celular.

Antes de que te envíe, armado y entrenado, al peligroso (en potencia) abismo del mundo en línea, te invito a que hagamos una pausa y evaluemos en lo que se ha convertido nuestro mundo. En los meses previos a los juegos olímpicos de verano de Londres 2012, los blogueros, locutores y periodistas de cada esquina del planeta coincidieron en que esos juegos serían diferentes.

Muchos creían que sería la primera vez que las redes sociales, y el mundo en línea, cambiarían la manera de interactuar con los juegos olímpicos y cómo, a partir de ese momento, veríamos los deportes de una manera diferente. Y aunque dicha afirmación pueda parecer exagerada, estaban en lo correcto, en especial en el aspecto económico.

De acuerdo a un artículo publicado en *TechCrunch*, "se enviaron más tuits en un solo día durante estos juegos… que en los diecisiete días de competencia de Beijing 2008". Tan sólo el fin de semana de la apertura, los juegos recibieron tres y medio millones de menciones en Twitter, mientras que en los de Vancouver sólo hubo trescientos tuits en total.

El volumen de actividad en las redes sociales durante esos juegos olímpicos no podría haberse pronosticado. En los eventos de ciclismo se tuvo que pedir a los espectadores que dejaran de tuitear ya que el tráfico de datos estaba interfiriendo con los equipos de GPS de la carrera.

Durante esos juegos olímpicos las redes sociales se volvieron parte de la experiencia de los aficionados. Muchos atletas recibían muestras de entusiasmo digital al triunfar y a otros se les prohibió participar por sus comentarios racistas o inapropiados en Twitter. Algunos atletas realizaron protestas en línea por no poder mencionar a sus patrocinadores hasta que terminaran los juegos. Algunos espectadores se molestaron porque gracias a las redes sociales sabían quién había ganado la carrera, el partido o el juego, horas antes de que lo pasaran por televisión. Otros espectadores criticaron públicamente a una cadena de los juegos olímpicos, la NBC (con el *hashtag* de Twitter "#NBCFail"), y por primera vez la gente se enteró.

Con todo lo bueno, lo malo y lo feo de las olimpiadas (con algunos atletas que pecaron de compartir en exceso, otros señalados de acoso cibernético por sus comentarios racistas, casi todos los atletas revelando su leve adicción a la tecnología con tuits y actualizaciones constantes), la manera en que la gente utilizó las redes sociales durante el evento se convirtió en un vislumbre del futuro del mundo en línea.

Tuvimos la conciencia global de que esta era la forma en que nos íbamos a comunicar, informar y apoyar a nuestros héroes en adelante. Nos dimos cuenta de cómo es que las redes sociales son una extensión de quienes somos y que, hasta donde sabemos, continuarán siendo una parte importante de nuestras vidas. Por ello es crucial estar al tanto de las nuevas tecnologías, de las nuevas políticas de privacidad y de las nuevas formas de comunicación digital.

Todos somos parte de este nuevo mundo. Cada evento deportivo, fiesta de cumpleaños y nueva amistad de algún modo estará arraigada a nuestra persona en línea. Las redes sociales y el mundo en línea no van a desaparecer y tú estás en medio de una emocionante revolución de comunicación e identidad.

De acuerdo con el Pew Research Center, el 55 por ciento de los adultos usa internet en sus celulares hoy en día, lo cual es el doble que hace apenas tres años. Casi la mitad de la población de los Estados Unidos posee un teléfono inteligente, un incremento del 10 por ciento comparado con el periodo 2011-2012. El treinta y uno por ciento de los adultos posee una computadora. El noventa y cinco por ciento de los adolescentes utiliza internet, el 78 por ciento tiene un celular y el 47 por ciento de ellos tiene un teléfono inteligente.

No hace falta decir que nuestro uso de la tecnología y dispositivos electrónicos va en aumento. Lo que resulta en que cada día tendrás más ocasiones para incurrir en alguno de los siete clics mortales. En el futuro habrá más sistemas de citas en línea; más formas de gastar nuestro bien ganado dinero, en línea; y acosadores y depredadores más evolucionados.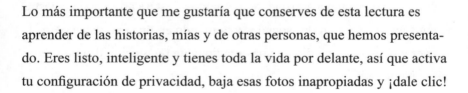

Lo más importante que me gustaría que conserves de esta lectura es aprender de las historias, mías y de otras personas, que hemos presentado. Eres listo, inteligente y tienes toda la vida por delante, así que activa tu configuración de privacidad, baja esas fotos inapropiadas y ¡dale clic!

BIBLIOGRAFÍA

"A Parent's Guide to Internet Safety." *The Federal Bureau of Investigation.* http://www.fbi.gov/stats-services/publications/parent-guide

Acuna, Kirsten."The 12 Most Frugal Celebrities." *Business Insider.* 8 de marzo de 2013, http://finance.yahoo.com/news/the-12-most-frugal-celebrities-184410272.html

Brenner, Joanna. "Pew Internet: Mobile." *Pew Internet.* 31 de enero de 2013, http://pewinternet.org/Commentary/2012/February/Pew-Internet-Mobile.aspx

Buckley, Dan. "4-year-old iPad addict gets €18k-a-month treatment." *Irish Examiner.* 23 de abril de 2013, http://www.irishexaminer.com/ireland/4-year-old-ipad-addict-gets-18k-a-month-treatment-229185.html

Catone, Josh. "Online Predators." *Mashable Comics.* 24 de junio de 2011, http://mashable.com/2011/06/24/online-predators-comic/

Crook, Jordan. "The First Truly Social Olympics: Tell Me How You Really Feel." *TechCrunch.* 8 de agosto de 2012, http://techcrunch. com/2012/08/08/the-first-truly-social-olympics-tell-me-how-you-really-feel/

"Cyberbullying." *National Crime Prevention Council.* http://ncpc. mediaroom.com/bullying-prevention

Dowdell, Elizabeth B. and Ann W. and J Robert Flores. "Original Research: Online Social Networking Patterns Among Adolescents, Young Adults, and Sexual Offenders." *American Journal of Nursing* 111, no.7 (julio de 2011): 28–36. http://www.ncbi.nlm.nih.gov/pubmed/21673563

"Generation M2: Media in the Lives of 8- 18-Year-Olds." *The Henry J. Kaiser Family Foundation.* 1 de enero de 2010, http://kff.org/other/poll-finding/report-generation-m2-media-in-the-lives/

Hoffman, Jan. "A Girl's Nude Photo, and Altered Lives." *The New York Times*, 26 de marzo de 2011, http://www.nytimes.com/2011/03/27/us/27sexting.html

Lenhart, Amanda, and Mary Madden, Aaron Smith, Kristen Purcell, Kathryn Zickuhr, and Lee Rainie. "Teens, kindness and cruelty on social network sites." *Pew Internet*, 9 de noviembre de 2011, http://www.pewinternet.org/2011/11/09/teens-kindness-and-cruelty-on-social-network-sites/

Mary Madden, Amanda Lenhart, Maeve Duggan, Sandra Cortesi, and Urs Gasser. "Teens and Technology 2013." *Pew Internet*, 13 de marzo de 2013, http://www.pewinternet.org/2013/03/13/teens-and-technology-2013/

McGreevy, Patrick. "Brown Signs Laws on Cyberbullying, In-Home Care Providers." *The Los Angeles Times*, 9 de julio de 2011, http://articles.latimes.com/2011/jul/09/local/la-me-new-laws-20110709

"1. catfish." *Urban Dictionary*, 22 de julio de 2010, http://www. urbandictionary.com/define.php?term=catfish

Storm, Darlene. "Dumb hacker tweets FourSquare location while hacking Ashton Kutcher." *Computerworld*, 16 de enero de 2012, http:// blogs.computerworld.com/19585/dumb_hacker_tweets_foursquare_location_while_hacking_ashton_kutcher

Stout, Hilary. "Antisocial Networking?" *The New York Times*, 30 de abril de 2010, http://www.nytimes.com/2010/05/02/fashion/02BEST. html?pagewanted=all

"Teen fights cyber bullies with 'nice' tweets." *NBCNEWS.com*, 17 de agosto de 2012, http://www.today.com/id/48705668/ns/today-back_to_school/

Temple, Jeff R., and Jonathan A. Paul, Patricia van den Berg, Vi Donna Le, Amy McElhany, and Brian W. Temple. "Teen Sexting and Its Association With Sexual Behaviors." *Pediatric Adolescent Medicine* 166(9) (septiembre de 2012): 828–833. http://archpedi.jamanetwork. com/article.aspx?articleid=1212181

"Turn off your smart phone to beat stress." *The British Psychological Society*, 12 de enero de 2012, http://www.bps.org.uk/news/turn-your-smart-phone-beat-stress

"2010 Norton Online Family Reports." *Norton*, 9 de junio de 2010, http://us.norton.com/norton-online-family-report/promo

"Youth Risk Behavior Surveillance System (YRBSS)." Centers for Disease Control and Prevention. http://www.cdc.gov/HealthyYouth/yrbs/

"Web Addicts Have Brain Changes, Research Suggests." Chinese Academy of Sciences, 12 de enero de 2012, http://english.cas.cn/resources/archive/news_archive/nu2012/201502/t20150215_140171.shtml

Whitten, Alma. "Updating our privacy policies and terms of service." *Google: Official Blog*, 24 de enero de 2012, http://googleblog.blogspot.com/2012/01/updating-our-privacy-policies-and-terms.html

Los siete clics mortales, de Margo Strupeck
se terminó de imprimir en septiembre de 2015
en los talleres de Editorial Impresora Apolo, S.A. de C.V.
Centeno 150-6, Col. Granjas Esmeralda,
C.P. 09810 México, D.F.